隈研吾

COOP HIMMELB(L)AU

LE CORBUSIER

DANIEL LIBESKIND

KENGO KUMA

经典与新锐——建筑大师专著系列

隈研吾

[意] 马尔科·卡萨蒙蒂 编著
李雪珂 译
王 兵 校

中国建筑工业出版社

目 录

作品掠影

历史博物馆，那须

长城脚下的公社——竹屋，北京

长崎县立美术馆，长崎

市民中心，高柳市

龟老山观景台（Osservatorio Kiro-san），吉海（Yoshiumi）

历史博物馆，那须

訪
館

长城脚下的公社——竹屋，北京

长崎县立美术馆，长崎

下页：市民中心，高柳市

作品掠影　　　　龟老山观景台（Osservatorio Kiro-san），吉海（Yoshiumi）

引言

隈研吾的设计类型丰富、尺度多变，诸如建筑单体、临时设施、城市规划等皆有涉及，这也导致针对其设计思想和作品分类的方式有很多。尽管很难根据明确的标准和严格的年表给隈研吾的建筑做一个明确的定义，但在他所有的——尤其是近期的作品中，如一些小型城市发展规划项目：中国的三里屯项目、意大利卡瓦市场的坦卡高尔夫俱乐部等，“文脉”是一个共同的特点，表现在：从未刻意风格化，也从未简单地自我重复，每一次设计行为都满足一个特征——无处不自然，这也正是弗兰克·劳埃德·赖特欣赏日本建筑的地方。因此，隈研吾也通常被笼统地认为是文脉建筑大师之一。

在一幅日本画作中，两条鱼在水中相互交织，这恰恰象征了当今设计界孜孜以求的建筑与环境的关系。隈研吾无疑是最致力于这种设计方法的佼佼者之一，他甚至宣布“消解建筑”——将对象溶解在文脉和自然环境中。在他看来，“建筑坚硬/自然有机”远胜过那些概念化的东西；他将自然元素作为抽象材料使用，很难被颠覆。不仅赋予了空间多重目标和密度，具体到空间处理上的排列组合也出于同样的逻辑。归根结底，这都取决于人类身心基于体验世界的思考程度。

每种材料都有自己的特性；对材料的使用不能违背其自身的建造特性：隈研吾在他的建筑活动中没有违背技术原则。他表达传统价值却不冒在地域性当中失败的风险；顺应历史但总是摆脱历史循环论。同时，他认为现代性与自然的本质是文化的镜像和归属感。为此，每一个项目都是必要的、合适的、风格与尺度成比例的，创新但又不反常，新颖独特又不脱离环境之外，出人意料却不令人陌生。他的每一个建筑都产生某种视觉效果——视觉效果引发被遗忘的沉思。其疏离和漠然的感觉击中了许多当代作家。

专业经历

1954年，隈研吾出生于日本神奈川县。1979年毕业于东京大学工学系。在美国纽约哥伦比亚大学学习几年后，他回东京成立了空间设计工作室。1990年，成立隈研吾及其合伙人事务所。

虽然隈研吾和他的许多同行一样，对社会进步和技术抱有信心，并曾被《时代》杂志定义为新黄金时代的组成部分，但他从来没有必胜的信念或者未来主义的倾向，甚至还遭受过经济衰退的冲击。在当时，精确地描绘出日本极简主义建筑景观的代表是安藤忠雄的清水混凝土建筑，但隈研吾相信美学和钢筋混凝土不能共存，从一开始的实践中就秉承了“让建筑在场地内消失”的原则。

隈研吾的早期作品龟老山观景台（1991-1994）是一个大型地下建筑，着重考虑的就是如何将建筑化解在环境中。观景台就像一条狭长的裂缝，嵌在山中。山顶被事先切成了水平的平面，给观景台提供需要的功能。水平的裂缝被重新塑造，埋入地下。在外边就能看到这个裂缝，观光者从头至尾的游览过程都处于裂缝之中，行进中的视野取景框也在不断变大。观景台从一个挤出的物体变成了一个嵌入的裂缝，事先想象的景象此时已经完全被颠覆了。在这个意义上说，这是个极为成熟的作品，强调整体，创造空间，为了保证景观不被打扰，避免固有建筑的过分存在十分必要。隈研吾称之为“消解对象”，或者“反对象范式”。

从对象到主体

“我们由物质构成，同时我们也生活在材料当中。所以我们不应该抗拒物质，而是要努力给简单事物一个不同的形式。而这个形式的名字并不重要：建筑、园林，或者是计算机、毒品……如果一定要取一个合适的名字，我会叫它：‘反造型’”。[1]似乎，隈研吾的“反造型”反抗的不是建筑规则，而是针对建筑实体多样价值的定义。他通过一个平衡而深刻的行为反对任何漠视外部环境的建议，坚定地批判每一个仅仅是为了愉悦表象和自我关联的无用信念。

在日本的传统文化当中，最真实的感受就是不妥协，隈研吾同样如此。根据他的理论，建筑在任何情况下都不可以与其使用者对抗或者颠覆自然秩序，而是应该根据场地特性将其安放于环境需要和本质特性中，建筑师应该学习如何带着注意力去尊重、聆听和理解场地的召唤。

在隈研吾的作品中，对居住的叙述和思考以及消解建筑的愿望显而易见，其核心价值是从主体到对象。不同的建筑师选择不同的技术和材料，根据自己的生活和经验建造或修改栖息地，使其与自己以及周围环境和谐共存。为了实现建筑主体和环境友好相处的目标，必不可少的程序是选择和呈现出能够表达恰当的“自然”可识别性。隈研吾认为建筑的存在和意义恰恰是为了满足这个义务，其作品也具备了明显的自然属性：严格、准确、合理、典雅、空灵、传统。

隈研吾深信主体和环境之间、居住和渴望居住之间、想要和存在之间理想媒介的存在，并致力于这种理想媒介的识别和研究。他认为建筑及其物理存在是必要且有作用的系统，并且当其自然地成为一个内外之间、建筑与环境之间的通道时，这种存在必然得到升华。因此，对建筑而言重要的不是自主权或是自我改变，而是寻求与其自身无关但与周围环境相关的合适价值。

隈研吾大部分项目的设计原则是内部和外部相互融合，相辅相成，融为一体，建筑主体、生命和宜居性在持续的内外紧密融合中获得了有利条件。比如阳台就是一个证明，黑川纪章也认为阳台是一个混合元素：因为有一个屋顶，所以是室内元素；但同时因为没有墙体，所以也是室外元素；又比如使用切薄的材料，通过光线的反射增加空间之间的交流；再比如遮阳板不仅具有过滤功能，而且还能接受来自背景或环境的外部刺激，这就强调了流动的重要性。

隈研吾的每一个项目都充满了隐忍自持、不事炫耀的设计哲学。材料尺度和精神尺度同样重要，这也导致了他的作品被认为在主体多样性中保持不变的一个空间概念，即关注所使用的每一种建筑材料和建筑技术的独特性，最终的选择则是关系到建筑实体以及项目本身的目的，而细致以及大量的研究是带来完美呈现的必要条件。

1 隈研吾，反造型——建筑的分解与消融，东京：筑摩书房出版社，2000。

上图：北京三里屯城市规划中的建筑之一

下图：龟老山观景台鸟瞰

从物质到无形

尽管早期设计十分精湛且令人折服，但隈研吾仍然选择停止了他惯用的手法，否定了超越材料本性的设计方法。这种工具般的思想虽然充满激情，却忽视了空间使用中的非物质层面或者道德的层面。从玻璃到生土，从木材到石头，从混凝土到竹子，从金属网到欧根纱，从玛瑙石到塑料，这是一个循环和“配方”的改变，更加尊重技术和使用方式；同时材料组合的特性和连续性通过触觉、色彩、感知表现出来，就像建造一个可以对话的栖息场所。

因此，材料可以轻易地限定空间，这种“空”并不是什么都没有（那纯粹是西方的概念），而是构成东方哲学中建筑的价值。就像道教创始人老子曾说：“故有之以为利，无之以为用。”举个例子，一个房间的本质，是我们需要的被顶棚和墙体限定的空间，而不是墙体和顶棚本身。一个储水容器空的部分才能装水，水不是装在水罐的形式或是材料里面[1]。同样的，对于类似东京这样土地价格位居世界前列的城市，城市肌理虽然密度极大，但仍存有空隙。正是这些在居住区和其他用地之间的空隙，才形成一个城市的独特性，就如同从学术角度来说，演讲的节奏、声调以及内容中间填充的是语句之间的停顿和沉默。

1 冈仓，禅与茶道，米兰：菲尔特瑞奈利出版社，1997，第35页。

对于隈研吾来说，不是构成立面材料的物质，而是被外壳包围的空间汇集了他的每一个思考认知。然而，被认为居于次要地位和重要性的材料要求一种范式价值。它的参与塑造了建筑特性，并通过动态的和环境的特定关系来定义空间。

在他的建筑里，由不可触摸的精致的边界限定的“空”被转译成洗练的室内空间，就像传统茶室一样。他的空间没有冗余或者炫耀，比如莲花宅的平台；所以，他的墙和地板倾向于消融，所以变得很薄。

如果传统意义上的墙消失在场地内，或者以游动的方式相互融合，叠加在特定的结构里。那么隈研吾则使得木头、竹子和特定的金属元素成为一种薄条，构成一种轻盈的介质和室内外之间的隔断。这种消解材料的意图应用在许多案例上，无差别地根据使用材料的特性，直到它们消失于半透明的薄板或是透明材料之中，就像织部茶室和现代茶室中，传统得到恢复——空间传统得到恢复而不是材料传统。在KXK展厅这个案例中，建筑改变它的活动和形式；在那须历史博物馆中，稻草、甘蔗纤维和灰浆构成置于穿孔铝板之上，达到可以与和纸媲美的透明光线效果。

矛盾的是，在隈研吾倡导的试验中，传统材料和重量、体积的概念联系在一起，就像用石头获得一种轻柔透明的效果，而又要求玻璃可以被感知，达到霓虹般的反射效果和分层的不透明感。成为科技的表现手段这一变革，使建筑看起来如独石（monolithic）般庞大而孤立。他在最近的文章中强调当代性：“我们已经经历了从点到线，而现在我们置身于网络中。然而这个叫作建筑的形式仍然存在，建筑不能扰乱系统”。[1]

隈研吾把建筑作品看成由微小部分构成的艺术，而不是只适合拍摄效果图般的建筑图像。形式是多重含义的。从不同的距离看，微小构件构成的识别度也不同。一个由小构件构成的建筑和自然极为类似，它能在某一个时刻看起来完全透明而没有重量，却在下一刻变得晦暗沉重，可以根据照射它的光线变化而改变。建筑不可能存在于一个统一的图像里。隈研吾似乎不欣赏照片或者透视图

1 摘自隈研吾文章。

东京KXK馆展厅

中的建筑。透视图更有利于描绘非移动或不变化的物体，而媒体也正把当今的建筑引到这个方向。反过来讲，对于隈研吾而言，项目的结果简单且与高度可变性的建筑物相关；而建筑普遍被认为是某些静止的东西、一个不变的形式。另一方面，隈研吾一直强调，新的信息技术和媒体对当代生活的入侵持续改变着（或者改善着）理解空间的方式，微粒般的东西就如同低像素图片一样使其变得不确定，只有组成结构时才能辨认。

为了说明传统学院派并未清晰定义的当代设计需求，隈研吾回到他针对园林及其环境观念的概念论述："比起园林，建筑更容易通过平面表达"。

这意味着建筑可以很容易地表现为二维图像。

作为结果，建筑师经常忘记时间这个因素，而时间恰恰是园林创造的动机："园林一直提醒人们不要忘记时间和评价建筑。这也是日本园林完全反建筑的原因"。[1]

这种相似性引发了两种不同的思考：一方面，设计概念可以不依附于图像表达。事实上，隈研吾没有提到设计，没有提到草图，其手稿也不只是形式，但它至少应优于结构考虑。

另一方面，项目通过三维表达，是因为形式并不关乎空间、空间的尺度和构成元素。

"你要考虑的与其说是一种形式，倒不如说是一个更为合适的尺度。"[2]

通过借用事物间错觉这一概念，他考虑"暗沉"和"明亮"、"柔软"和"坚硬"、"大"和"小"这些与文脉相关的形容词，隈研吾通过他的作品说明了任何建筑必须根据尺度及其周边环境的特性进行思考。"尺度"这个词不仅指一个建筑的实体规模，而且指观察的距离，以什么速度抵达等。为

1　译文源自隈研吾的论文。

2　同上。

了理解这个对象，观察者和对象之间的距离必须可以改变，而这个变化是移动“身心”(shintai) 的产物。因此，空间感受不是通过单一且固定的视角完成的，而是多视点的观察；并且不仅是这种移动，还有因光、雨和风等自然因素的介入而改变的观察条件。

隈研吾的情感和意图不是通过平行研究活动构成的简单认知思考，而是因为在建筑上发现的本质体验。然而诸如空间要求和功能这些无形的印记可以感知，却很难描述。同样的，这种活动很难纳入既有的分类之中，因为它是一种情绪而不是一种风格，更强调意义而不是记录方式。

然而，他的每一个项目都可以从内部大厅进行识别和追寻，其中弥漫着传统生活的建筑价值，不断提醒观者“记忆与创新”的感觉，使得每一个做法既新颖又似曾相识，既古老又现代。即便改变了以前属于这个地点的连续性，他的建筑也从来没有凌驾于环境之上。它们转变了景观并且引入新的状况，尽管原本就是环境的一部分而备受欢迎。 每一次实践都表现出智慧，包括总体环境、精确的细节、建构方式，以及和谐中产生的色彩和气味。所有的部分都很恰当，部分与元素熟练地组织在一起，无论比例如何，一切都似乎在其自身的尺度下恰当融合，宛如天设。

即使没有统一或者保险的风格，隈研吾的建筑仍然是“自然地”呈现出日本风格。答案并不在材料或者形式里，而是在感觉当中。在一种不清晰又无法描述的行为中，在空间的不同组织中，在裂缝中透出的光线里，在故意空白的空间和流动的水中。就像传统的浮世绘绘画作品，隈研吾坚定地认为，能够察觉到难以表现的丰富以及变化的自然现象——在他的作品里很明显地表达出这种天赋和不同的渗透：体量和空间，自然和人工。

建筑师年表

1954　隈研吾出生在神奈川县。

1979　完成东京大学工程研究所建筑系硕士课程。

1985　哥伦比亚大学和纽约亚洲文化委员会研究所访问学者（直到1986年）。

1987　设立空间设计工作室。

1988　与筱原聪子合作设计共同社光栅。

与筱原聪子合作热海的小浴场。

1989　群马县GT-M大厦（与CAD规划研究院合作）。

1990　成立隈研吾建筑设计事务所。

1991　日本东京都新宿区村落。

日本东京都港区的多利安大楼。

日本东京都世田谷区M2楼。

日本爱媛县越智龟老山观景台（1995年竣工）。

1992　东京M2大楼的“东京目录”个人展览。

水・玻璃之家/日本静冈县热海市。

1993　兵库县尼崎市轻井泽艺术博物馆的“城市迷宫”展览 。

冈山县鬼之城高尔夫俱乐部。

1994　高知县梼原町游客中心赢得由日本经济产业省遴选的优秀建筑设计竞赛。

日本福冈佐原MAN-JU餐厅。

梼原町游客中心/日本高知高县冈市梼原町。

日本静冈县热海市的河/滤之家（1996年竣工）。

1995　龟老山观景台赢得日本商环境设计家协会1995年度设计奖文化/公共机构大奖。

东京都港区间画廊举办“传输速率”个人展览。

参加威尼斯双年展。

威尼斯双年展的日本馆空间设计。

日本宫城县登米郡树林中的能剧剧院（1996年竣工）。

1996　参加意大利米兰双年展。

被提名参加关西国家图书馆竞赛。

1997　能剧剧院获得日本建筑学会奖。

水/玻璃之家获得美国建筑学会杜邦本尼迪克特斯奖。

“虚拟建筑”展览（东京都文京区大学博物馆）。

逆剧场。

日本群马县高崎市慰灵公园（方案）。

1998　2005年博览会基本概念（方案）。

海滨副中心（方案）。

日本枥木县那须马头町广重美术馆（2000年竣工）。

日本新潟县高柳町社区中心（2000年竣工）。

日本栃木县那须历史博物馆（2000年竣工）。

1999 波士顿建筑师协会未建成的建筑设计奖。

2000 日本静冈县热海市“木/板”之家。

日本宫崎县石卷市北上运河博物馆。

河/滤之家获得日本建筑学会居住环境大奖。

北上运河博物馆获“互动内部空间”设计大奖。

日本千叶县幕张集合住宅。

日本栃木县那须石博物馆。

日本山形县尾花泽市银山温泉浴场（2001年竣工）。

2001 庆应义塾大学环境信息系教授。

巴托广茂町博物馆项目获得多哥的村野建筑学院奖。

石博物馆获得的2001年国际石造建筑奖。

参与“日本先锋建筑/实际项目——16青年建筑师”在伦敦皇家建筑师学会的展览。

日本山口县小野田的“海/滤餐厅”。

东京小青山梅窓院佛寺（2003年竣工）。

日本东京都港区ONE表参道（2003年竣工）。

日本东京都世田谷区村井正诚美术馆（2004年竣工）。

日本长崎县艺术博物馆（与日本设计合作，2005年竣工）。

皮肤：过滤河流（城市项目计划）。

2002 赢得芬兰天然木之精神建筑奖。

东京农业大学展览中心竞赛（东京世田谷，一等奖入围）。

东京都港区森田建筑公司博物馆竞赛（东京都港区，一等奖入围）。

长城脚下公社——竹屋，中国北京八达岭（2003年竣工）。

日本长野县户隐大坂神社荞麦面馆（2003年竣工）。

日本长野县轻井泽森林之家地板（2004年竣工）。

日本大阪福崎空中广场（2005年竣工）。

日本东京目黑区塑料房屋。

日本山口县下关安养寺木造阿弥陀如来坐像收藏设施。

2003 日本东京多摩市油漆展示屋。

日本静冈县牧野蓬莱温泉浴场。

日本东京都涩谷区JR涩谷车站外立面改造。

日本静冈县2004年日本花博主入口。

日本东部都莲屋（2005年竣工）。

Z58/中国上海（2006年竣工）。

2004 日本东京都港区分德山餐厅。

日本东京都东云集合住宅。

东京农业大学食品与建筑博物馆。

日本大阪中心区LVMH大阪。

东京港区参加2004年竹尾纸展览“HAPTIC”。
参加里尔的“2004-2005年欧洲及亚太地区建筑新潮流”展览。
东京中央区的个展“隈研吾：被打败的建筑”。
东京新大谷酒店花园的个展“NIWA：离子的反映”。
参加波兰克拉科夫日本漫画和艺术技术中心馆举办的“3-2-1日本和波兰的新建筑”展览。
日本东京都港区三得利博物馆（与日本建设合作，2007年竣工）。
日本福冈县户畑计划C楼设计（与竹中平藏合作，2007年竣工）。
2005 长崎博物馆赢得2005年东亚外部空间大理石建筑奖。
岐阜多治见米诺陶瓷公园的装置艺术——织部茶室。
米兰E-11117的装置“慢慢进来”。
锡拉库萨、米兰、那不勒斯、斯德哥尔摩举办个人展览“隈研吾：传统与革新之间的建筑”。
东京涩谷的GA美术馆举办个人展览“隈研吾：模仿（Mock-Ups）”。
日本东京品川KXK（原村现代艺术博物馆）。
日本山形县尾花泽市银山温泉富士屋综合体（2006年竣工）。
日本枥木县高根泽广场与凉亭（2006年竣工）。
2006 日本东部森林小屋。
参加东京涩谷GA画廊的“2006 GA国际”展览。
2007 日本枥木县高根泽广场与凉亭获得2007年细部奖。
日本枥木县高根泽广场与凉亭获得国际建筑奖。
在意大利帕多瓦理性宫举办个人展览“隈研吾双鱼：水/土、乡村/城市现象”。
与NTT合作设计日本大阪朝日广播公司大楼。
与日本建设合作设计东京市中心D项目北翼。
法兰克福现代茶屋。
意大利卡利亚里维拉西米乌斯镇坦卡高尔夫俱乐部。
中国成都精神中心。
英国特克斯和凯科斯群岛的礁岛度假村。
中国苏州住宅项目。
圣詹姆士大街23号。
特纳里夫居住项目。
瑞士艺术谷仓。
吉隆坡肯尼窩地博物馆。
北京三里屯综合体。
意大利萨勒诺市卡瓦市场（Cavamarket）总部。
2008 以“水街区”参加7月20日-10月20日纽约现代艺术博物馆（MOMA）举办的装置展“家庭交付：制造现代住宅”。
“化妆牛”：东京2008丸之内2丁目楼 现代艺术博物馆（MOMA）9月5日-10月20日奶牛游行装置展。
芝加哥空间画廊10月10日-11月15日“反材料”展览。

建成项目

One表参道，日本东京港区

大阪LVMH大厦，日本大阪中央区

银山温泉富士屋综合体，日本尾花泽

Z58创意之光，中国上海

高根泽广场与凉亭，日本栃木县高根泽

梼原町市政厅，日本高知县高冈市

三得利美术馆，日本东京六本木

织部茶室，日本岐阜县多治见

现代茶室，德国法兰克福

户畑C街区计划，日本福冈县北九州市

One 表参道

日本东京港区，2001-2003年

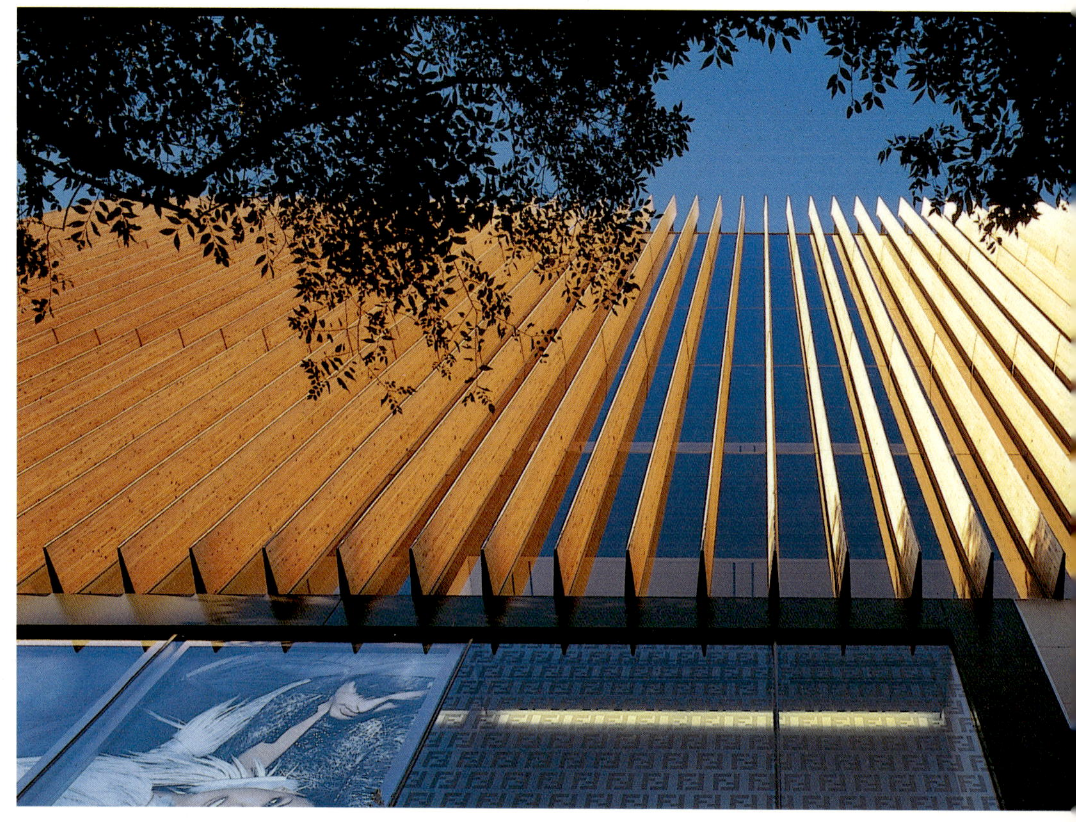

表参道是规模最大的时尚地区。表参道一号是法国品牌路易·威登的商店以及办公楼。东京曾经是一个很有特色的城市，城市失去了大部分当时木建筑赋予人的尺度和空间温度。

第二次世界大战之后东京几乎被毁，城市出现了大量的钢筋混凝土建筑，而这些建筑毁掉了城市迷人之处。通过这个项目，隈研吾想要实现一个更加舒适的建筑模式，恢复与当代潮流相反的传统建构方法。为了和周围的植物建立对话——比如景观大道两侧很有特点的那些成排的落叶灌木，以及和日本传统木构建筑产生关联，大楼的玻璃立面采用了垂直伸出

立面细部

45厘米的落叶松百叶。因为在日本建筑法规禁止在立面上直接使用木材，所以在外墙嵌入消防洒水器。百叶系统对环境保护作出贡献。它能够遮蔽阳光，减少建筑室内温室效应，限制二氧化碳排放。此外，落叶松的使用对于隈研吾来说有很多好处，它会根据光线的变化形成不同的阴影，强烈并且遥远，或者消失在背光中。

竖向的百叶随着视线的角度变化而变化，过滤着室外的光线和气氛。

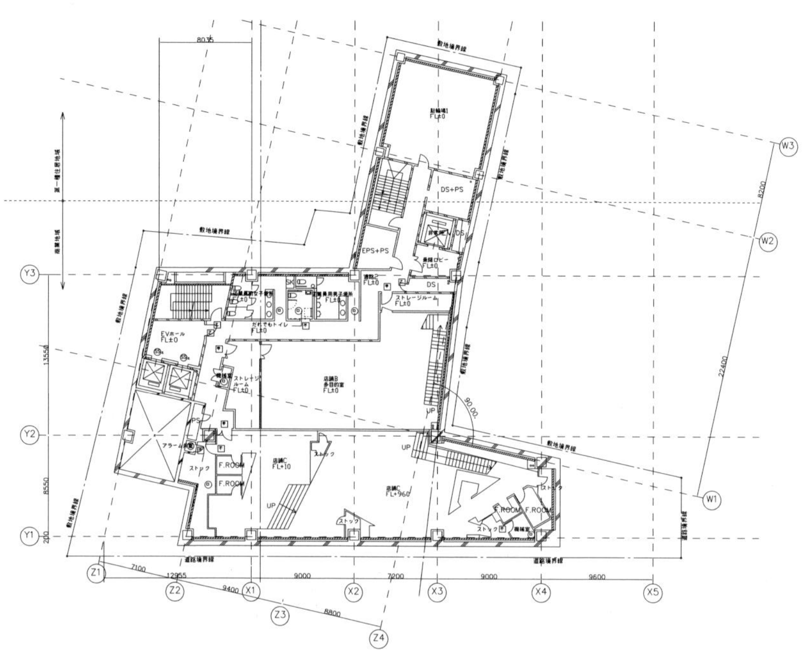

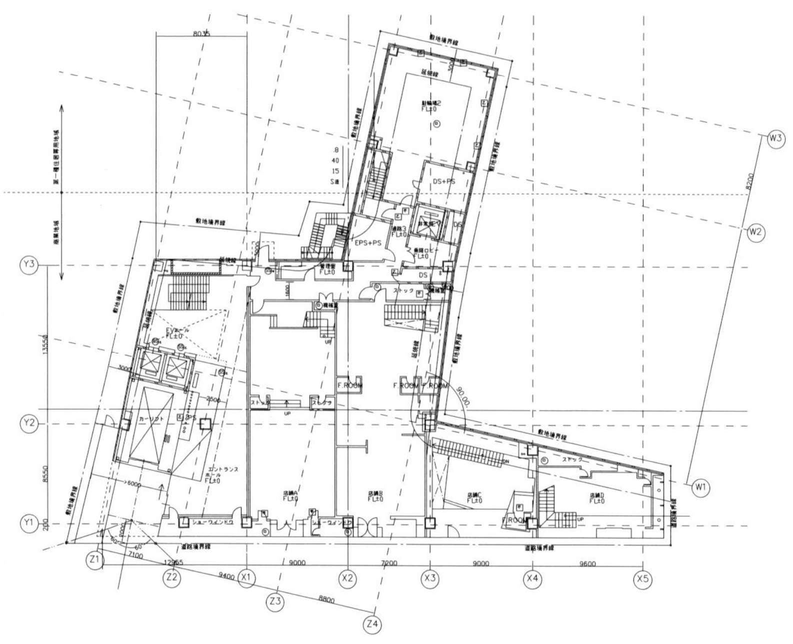

建成项目

首层和二层平面图

大阪 LVMH 大厦

日本大阪中央区，2002-2004年

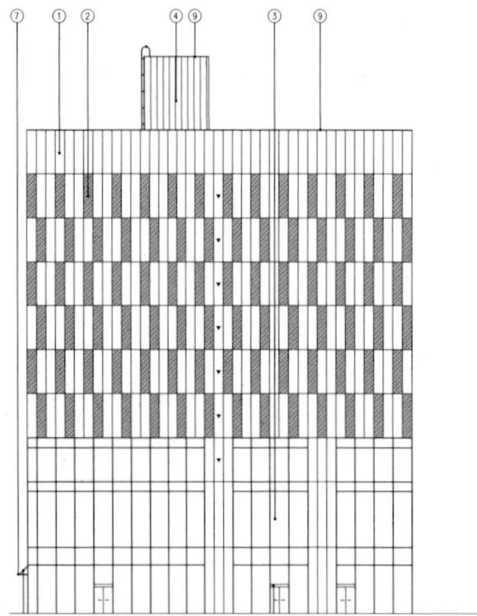

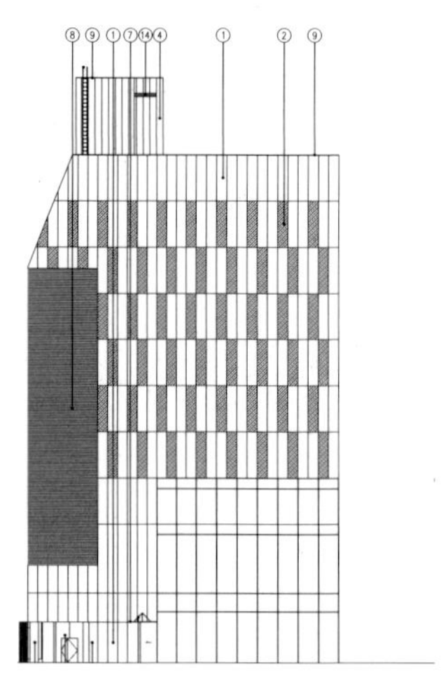

有过东京的合作经验后，法国品牌路易·威登委托隈研吾设计该品牌位于大阪的大厦，包括展示空间、销售空间和办公空间。隈研吾选择珍贵而稀有的材料，包括一种巴基斯坦出产的缟玛瑙。它被加工成4毫米的薄片，插入两片玻璃之间。为了保证办公室有充足采光和城市景观，还采用了一定量的聚酯板代替缟玛瑙板；两者的比例接近一比二。

到了晚上，这座建筑看起来就像御堂筋街上的一个发光的百宝箱，成为购物街上的枢纽。

项目致力于颠覆材料的传统观念。在这个建筑里，缟玛瑙的张力和重量与玻璃的轻盈和透明相对比。使用如此的薄板表现出一种材料的革命，带动了其后的石材实验。同时，材料成为了轻质的外套，也是建筑力量的象征。

通过这个项目，隈研吾成功地总结了法式时尚建筑的哲学：优雅与清醒、豪华而简约、有力又轻盈。

东立面、南立面

对页：从御堂筋街看建筑

CHAUMET
20

外立面细部

银山温泉富士屋综合体

日本尾花泽，山形县花泽市银山温泉区，2002-2004年

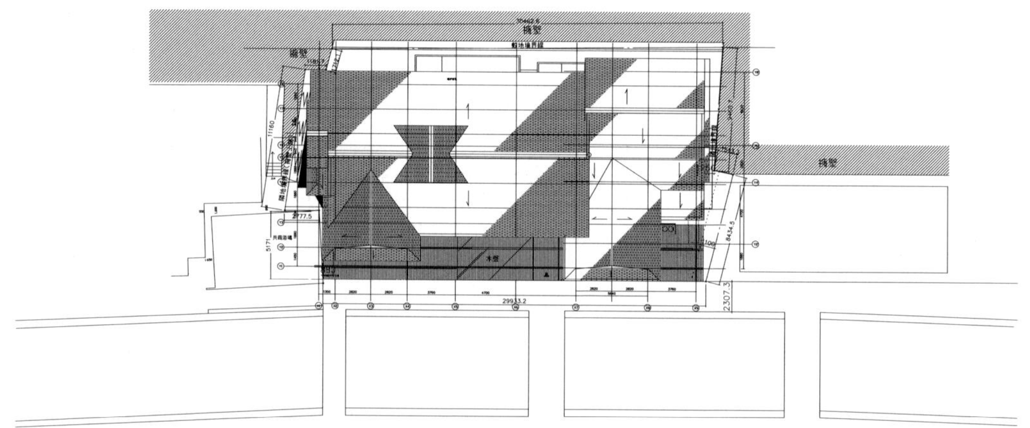

被高度为三、四层的建筑物环绕，这个项目是为银山温泉提供满足接待功能但是尺度不寻常的传统建筑。建筑是一个四层的旅馆，与当地单层建筑构成的独特建筑景观形成对比。银山温泉富士屋位于银山川旁边的尾花泽的山谷谷底，是日本雪最多的地区之一，那里有20间客栈（日本传统的旅馆），包括隈研吾几年前设计的银山浴场。这个项目的特点是现存建筑的再利用。

最为引人注目的是立面更新，保留了老宾馆使用的木材，使其进入下一个世纪，建筑室内也使用相同的材料。空间通过插入的中央天井得以重新组织，它变成空间分布的焦点，材料上采用4毫米的竹片隔栅环绕。这层隔栅取代了承重砌体，形成建筑内外间的过滤网，使穿过它的光线变得轻柔。

总平面图

建筑采用了一种中世纪就已经使用的半透明玻璃。它成为唯一的透光元素——但是并不完全透明，使人联想到传统日本的纸窗；功能上起到对外连接的作用。

通过使用轻巧的屏风而非厚重的体块，传统做法得以恢复。每一片屏风都是内部环境和外部环境的转换器。立面上的条板在建筑、道路和河流之间创造了一个媒介。内部空间宁静和放松的氛围成为这个旅馆一次独特的感官体验。

旅馆立面效果

上图：透过竹屏风看中庭

下图：木质浴室内景

下页图：立面细部

Z58 创意之光

中国上海，2003-2006年

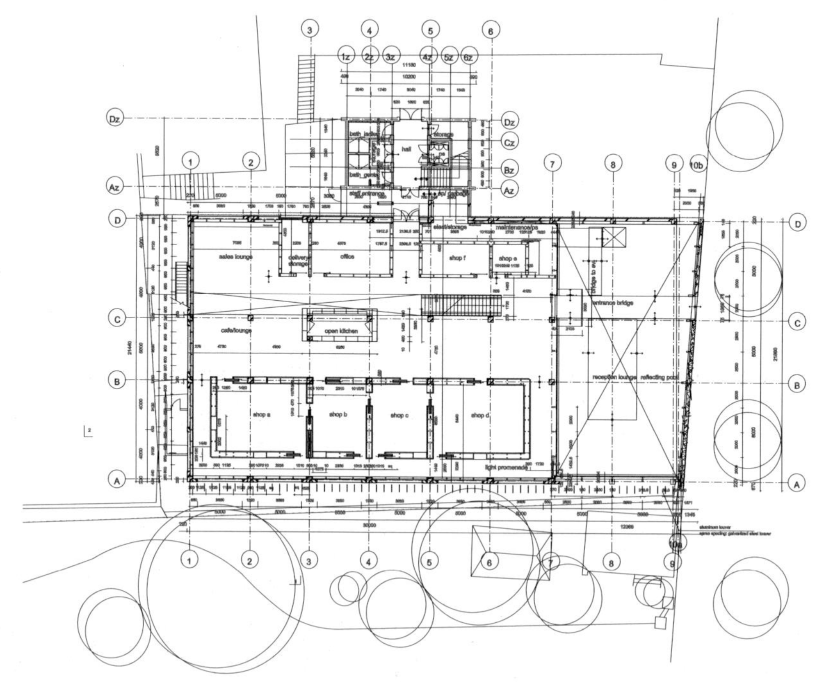

首层平面图

Z58是一个纯粹的建筑与环境结合的项目，实现了隈研吾的很多想法。Z58是大型照明设计公司——中泰照明的办公总部，功能包括办公、工作室和客户接待区域。基地坐落在番禺路——一条上海安静的街道上，对面是建于20世纪30年代属于孙中山家族的别墅[1]。该项目改造了一个老钟表厂房，将其发展为三层空间。隈研吾保持了原有的混凝土结构，但改造了主立面。他修建了一个植物墙作为新的主立面。这面植物墙由镜面板内镶不锈钢盒子的花槽以线性排列组成；槽内种有小型常春藤类植物。此外，他还增加了一个四层的空间，作为客户接待室。唯一开放性空间定义了入口：一个通高的中厅内，水瀑从玻璃墙上流下来。5000片20毫米×20毫米厚的板条组成的纬线给予材料可触碰的深度，从特定的距离可以感知。

1　孙科住宅，1989年公布为上海市优秀历史建筑，1992年6月列为上海市文物保护单位。——译者注

Z58里的三个主要的“过滤器”——植物墙、中庭的水瀑和玻璃盒子——综合体现隈研吾的建筑策略。材料自身限制和传统解读是建筑师的自由意志，这正是赋予建筑师个性化的精确体现。

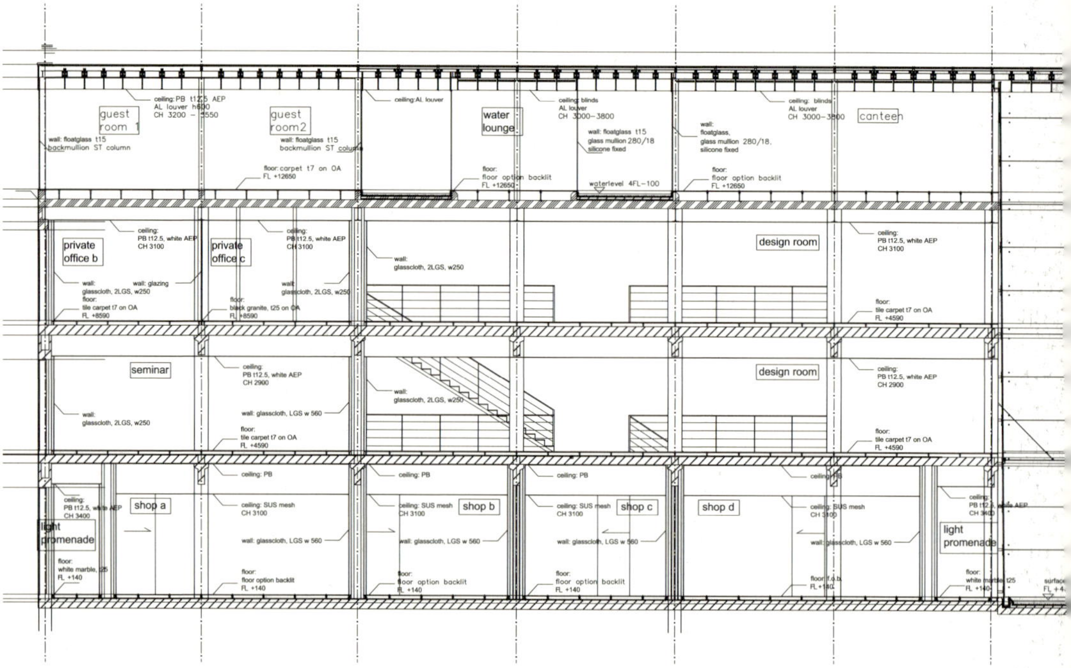

ceiling:PB t12.5 AEP
AL louver h600
CH 3200 – 3550

guest room 1

wall: floatglass t15
backmullion ST column

guest room2

wall: floatglass t15
backmullion ST column

floor: carpet t7 on OA
FL +12650

ceiling:AL louver

water lounge

floor:
floor option backlit
FL +12650

ceiling: blinds
AL louver
CH 3000–3800

wall: floatglass t15
glass mullion 280/18
silicone fixed

waterlevel 4FL–100

ceiling: blinds
AL louver
CH 3000–3800

canteen

wall:
floatglass,
glass mullion 280/18,
silicone fixed

floor:
floor option backlit
FL +12650

private office b

ceiling:
PB t12.5, white AEP
CH 3100

wall:
glasscloth, 2LGS, w250
floor:
tile carpet t7 on OA
FL +8590

wall: glazing

private office c

ceiling:
PB t12.5, white AEP
CH 3100

floor:
black granite, t25 on OA
FL +8590

wall:
glasscloth, 2LGS, w250

wall:
glasscloth, 2LGS, w250

design room

ceiling:
PB t12.5, white AEP
CH 3100

floor:
tile carpet t7 on OA
FL +4590

seminar

wall:
glasscloth, 2LGS, w250

ceiling:
PB t12.5, white AEP
CH 2900

wall: glasscloth, LGS w 560

floor:
tile carpet t7 on OA
FL +4590

wall:
glasscloth, 2LGS, w250

design room

ceiling:
PB t12.5, white AEP
CH 2900

floor:
tile carpet t7 on OA
FL +4590

ceiling:
PB t12.5, white AEP
CH 3400

light promenade

floor:
white marble, t25
FL +140

shop a

ceiling: PB

ceiling: SUS mesh
CH 3100

wall: glasscloth, LGS w 560

floor:
floor option backlit
FL +140

ceiling: PB

ceiling: SUS mesh
CH 3100

shop b

wall: glasscloth, LGS w 560

floor:
floor option backlit
FL +140

ceiling: PB

ceiling: SUS mesh
CH 3100

shop c

wall: glasscloth, LGS w 560

floor:
floor option backlit
FL +140

shop d

ceiling: PB

ceiling: SUS mesh
CH 3100

wall: glasscloth, LGS w 560

floor: f.o.b.
FL +140

ceiling:
PB t12.5, white AEP
CH 3400

light promenade

floor:
white marble, t25
FL +140

surface
FL +4...

上图：长向剖面图

下图：四层客户接待空间

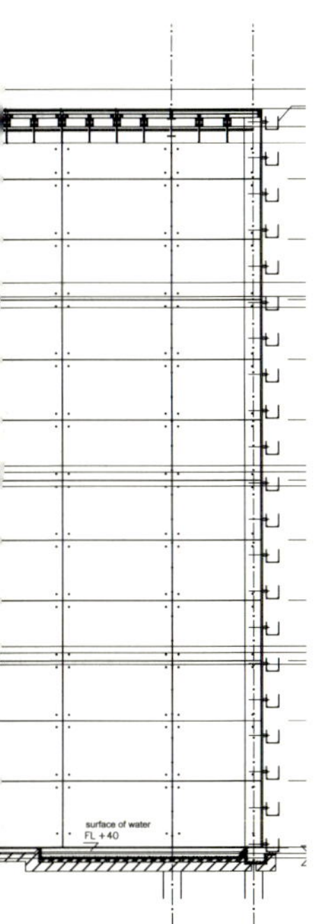

植物墙立面一瞥

高根泽广场与凉亭

日本枥木县高根泽，2004-2006年

建筑史这样教育我们：坚固和多孔似乎是两个对立的特性。而1922年，为了建造东京帝国饭店，赖特曾经找遍了日本境内的所有石头，最终决定使用大谷岩：因为"这是一个类似土地的石头"，两种看似对立的特性和谐交织。在高根泽广场与亭的这个项目上，也出现了关于坚固和多孔的对立，隈研吾也采用了相同的材料作为明确的回应。大谷岩事实上是多孔的，却能展示双重面貌。

为了使用这种材料，隈研吾和一个工程师小组一起尝试建立一个特殊的系统。这是一个对角线建造系统，石头成对地在自身顶部叠砌

建筑外观

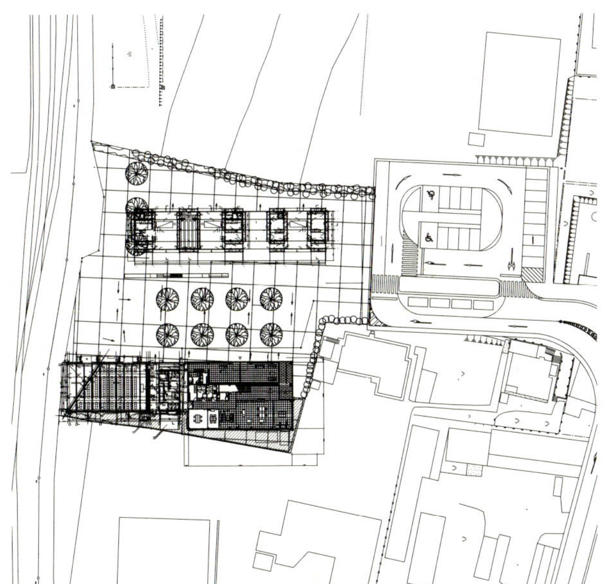

以构成一个蜂巢似的结构。这个系统利用了材料的机械特性，并且保证承重构件能够支撑建筑重量。同时，石材的多孔性和它内部的孔隙决定了它和海绵组织的相似性。而且，一种被称为“味增”（Miso）的土给人以松散的感觉，它让材料变的“柔软”。蜂巢结构的视觉效果是让建筑相对封闭而言更为开放。材料的棕色让人联想到自然的地景。

这个项目面积近90平方米，在保积時附近，距离宇都宫大约两站地。

总平面图

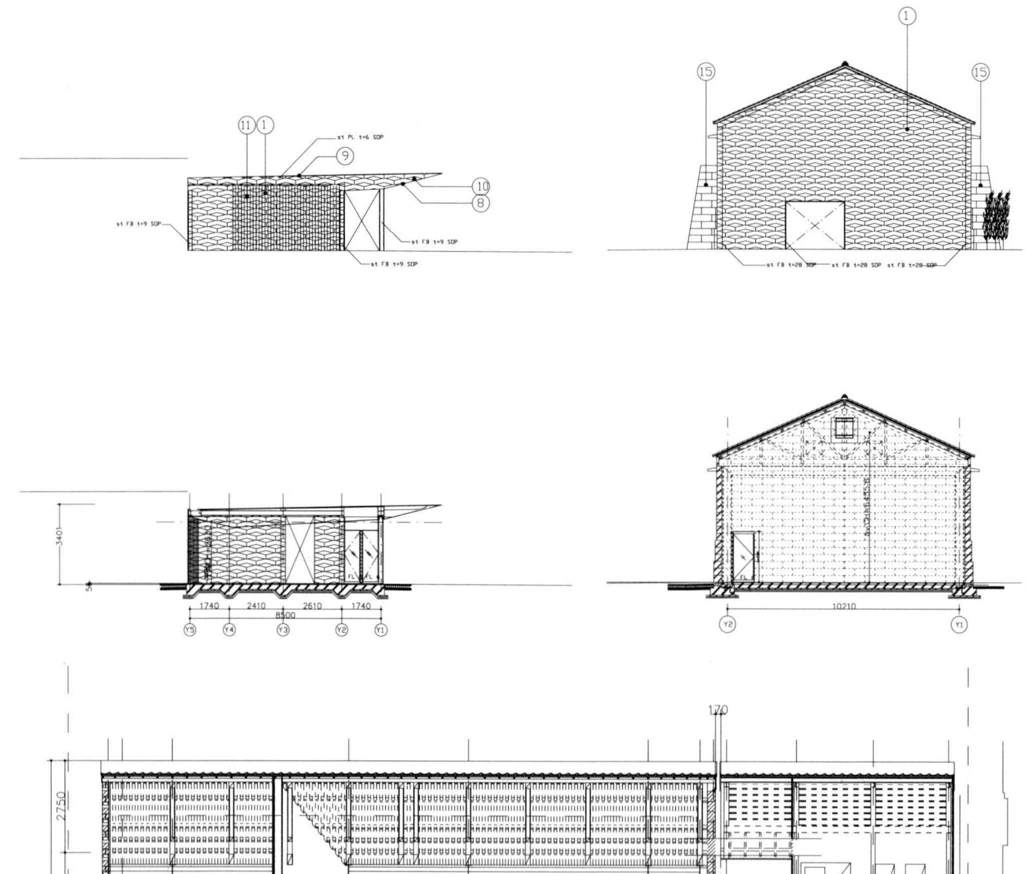

上图：立面图和横向剖面图

下图：纵向剖面图

上图：内部效果

下图：建筑外观

梼原町市政厅

日本高知县高冈市，2004-2006年

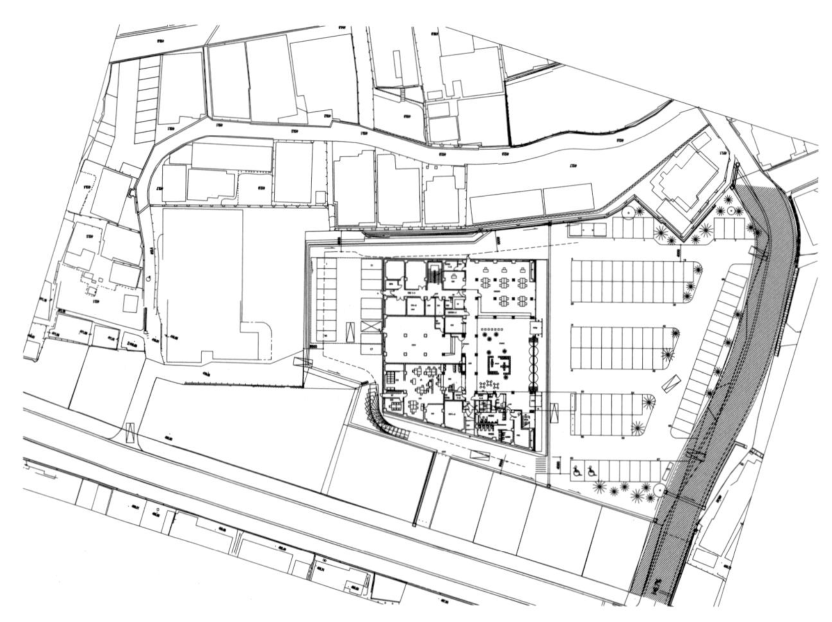

日本是一个以冬季强降雪为特征的国家，这决定了建筑设计要专门应对这种气候。梼原是一个拥有4000名居民的高知县下属町，下雪格外频繁。因此隈研吾想要重新创造一个有顶盖的风雨广场作为中心，围绕其构成一个城市大厅。这个方形的顶盖和巨大的观众厅有利于满足市政厅对不同空间功能的各种需求，例如为歌剧类表演和传统音乐节提供场地。建筑内部还包括为银行、农业合作社和商会提供空间。

建筑材料是日本雪松，取自当地森林。建筑有一种简单而清晰的美。因为被称为“树-城”（Kino-machi）的大厅是当时日本最大的木构建筑，它不应被人们遗忘。板材的尺寸采用标准化，225厘米×60厘米或者120厘米。

建筑地面层平面图

由于雪松来自梼原町市郊的雪松本身较为脆弱，一个18米的跨度内每5英尺（约1.52千米）就需要一个支撑。隈研吾利用这个必要性设计一个托梁结构，双束穿插分散双重梁。既能够遮盖必要的光线又能使建设过程可视化。通过这种方式，隈研吾进一步为日本工艺做出贡献。

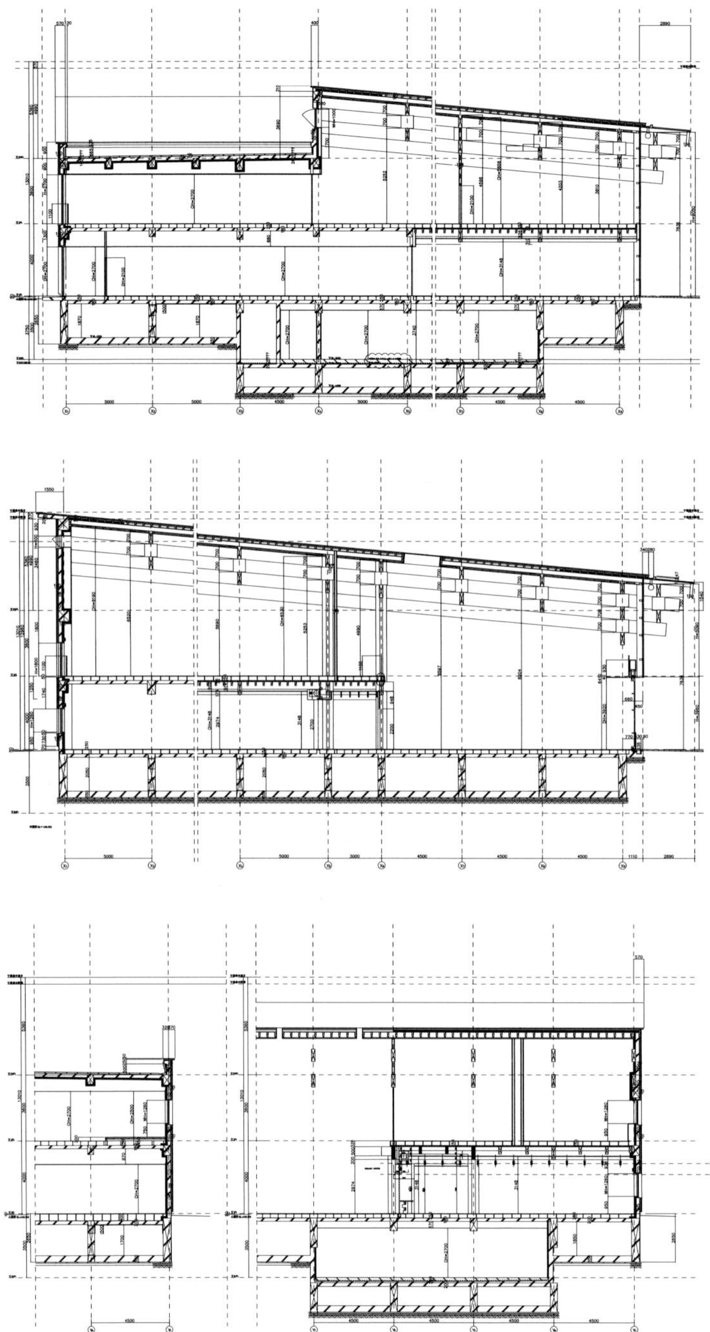
5000
5000
4500
5000
4500
4500
5000
5000
3000
4500
4500
4500
1110
2890
4500
4500
4500
4500
4500

剖面图

上图：立面细部
下图（左）：观众厅室内效果
（右）：木结构细部

三得利美术馆

日本东京六本木，2004-2007年

创造一个日式空间是隈研吾在东京市中心设计三得利艺术博物馆时思考的问题。日式空间是一个传统的舒适空间，人们可以放松地躺在地板的榻榻米上，也可以在里面徜徉。目前为了给其他功能性更强的空间让出位置，日式空间逐渐消失。当代生活方式有着极其狂躁的症状，没有一个可以交谈或者放慢当今生活节奏的空间。

新的美术馆希望反映出21世纪的人们重新发现静与“空”的空间愿望，能够恢复冥想与沉思的传统。美术馆内部房间全部被木材内饰覆盖，创造出私密与宁静的氛围，柔和的光线弥漫其中。

在外部，隈研吾选择使用古老而珍贵的材

餐吧外露台景象

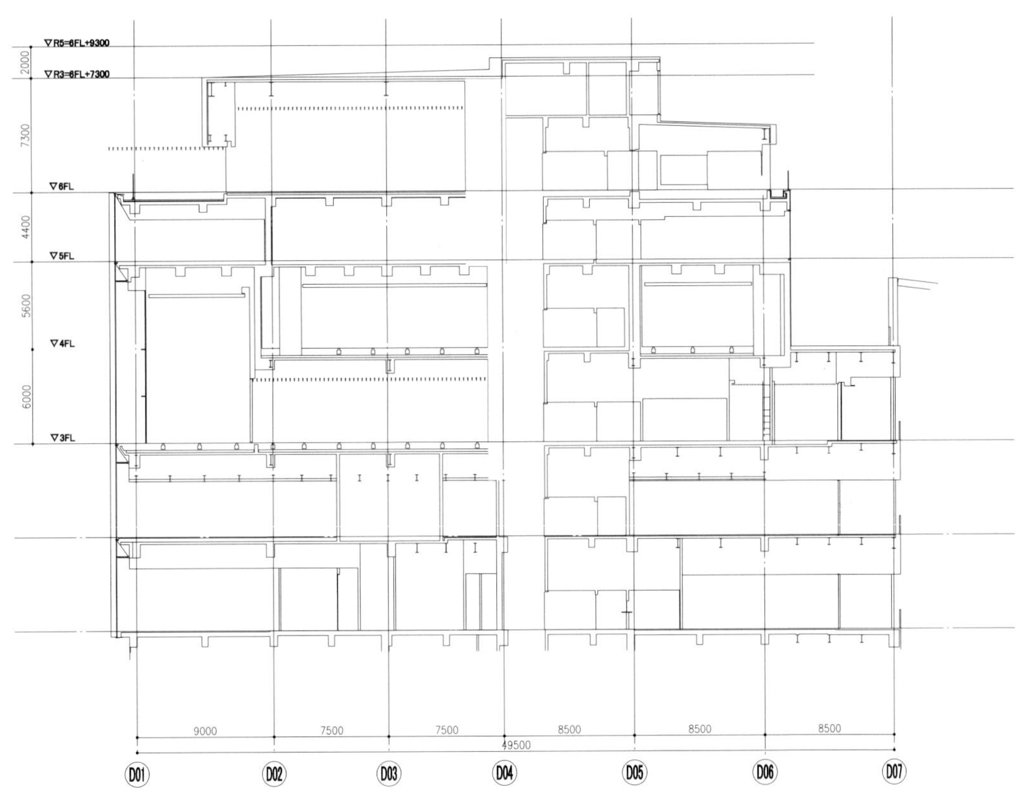

料——陶，这让人联想其日本传统。组成立面的垂直板实际上用这种材料实现的。虽然它天然的易碎性和极低的抗震能力要求通过混凝土来加固，通常需要避免在建筑外部使用。而实际上在三得利美术馆这个项目中，陶的加固采用了薄铝挤压型材。多亏那些金属材料，才成功避免了使用混凝土会产生的重量，并且依然坚固。通过这种方式，不仅实现了隈研吾建筑典型的轻盈和透明的效果，而且使城市文脉中创造一个坚固而敏锐的建筑成为可能，以其脆弱的形象类比不稳定的时代状态。

长向剖面图

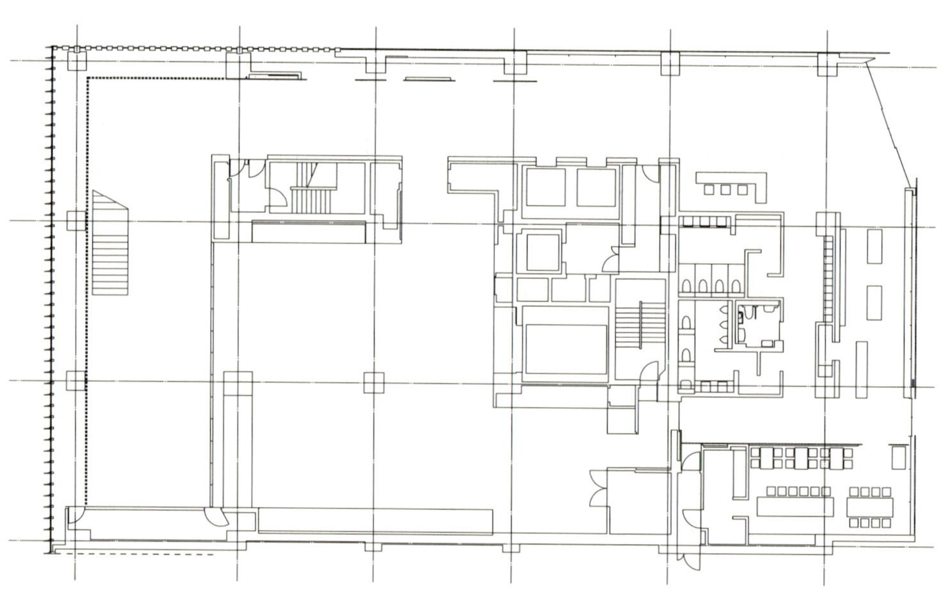

上图：餐吧内景

下图：地面层平面图

对页：顶层天台效果

织部茶室

日本岐阜县多治见，2005年

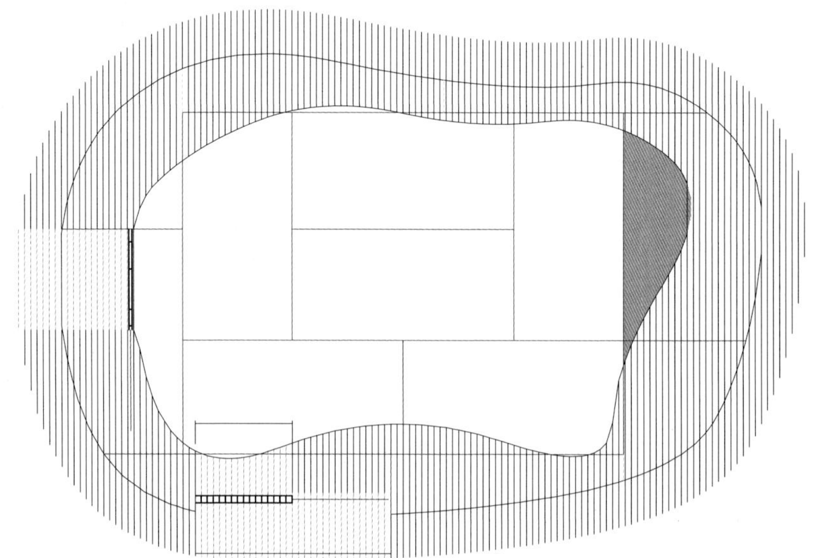

平面图

茶道是一个日本文化的主要表达方式之一。坐落在织部陶瓷公园的茶室项目的独特之处在于其临时性和可移动性。它是使用非常规和低造价材料的实验。织部茶室的结构实际上是褶皱的塑料片，连接成帷幕再由水平的条带连接而成。水平构件支撑内部结构，一旦拆开，整个建筑就转变为一个可以被简单转移的建构系统。这个临时展馆长6.4米，由93个聚碳酸酯肋拱装配而成。

厚6毫米、间隔100毫米的肋条具有不同的几何形状和尺寸，采用聚碳酸酯板制成。尺寸为5毫米×65毫米×100毫米的肋间构件也是由气泡聚碳酸酯板材建造，与槽之间采用尼龙带连接。出于坚固和透光的双重需要，这些厚

板间的“气泡”呈纵向分布：事实上，板材较大的强度与地板部位同质漫射光线相协调。采用背光的地板提升了18.5厘米，采用铝型材格栅和玻璃砌块。这个建筑由单一材料和颜色建成，是对陶艺大师古田织部（Furuta Oribe）的致敬，表现出对其作品和陶艺事业的衰落的感情，重建了原始环境特征并唤起人们记忆中的共鸣。

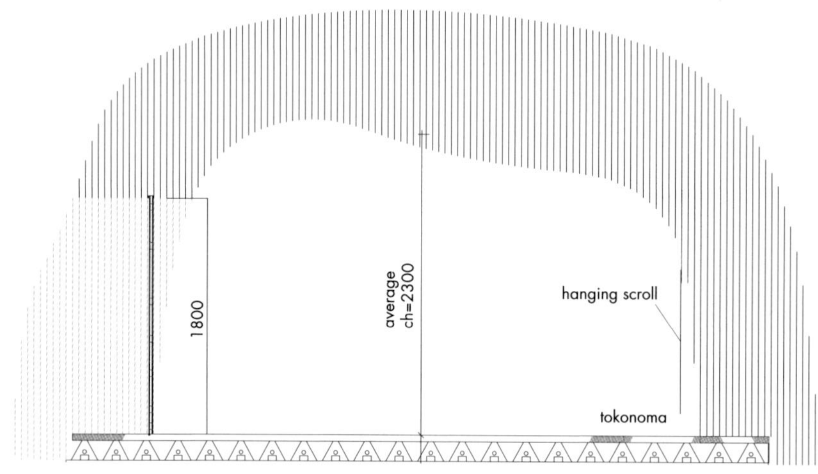

上图：内部效果

下图：剖面图

现代茶室

德国法兰克福，2005-2007年

现代茶室项目特别为2007年的法兰克福应用艺术博物馆举办的日本设计主题而建造。由于它是一个临时且可移动的装置，现代茶室可以在不同的场地下重新搭建；由于其构造的原因，它可以适应多种环境。其支撑结构是由一种创新性人工合成充气膜结构，其材料被称为Tenara，其特性是可以导入压缩空气的双层内部构造。由于未采用传统的常规玻璃纤维膜，该膜材料能够根据建筑具体地点的自然气候条件调整自身的形态。它透明而明亮的表面反射周围环境中光线和气候的变化；而其空间创造的手法十分基本：其膜内充气结构强度足以去除支持外壳的钢板。通过这种方式，建筑获得生命。其性感而不确定的造型的室内部分，纤

建筑外部效果

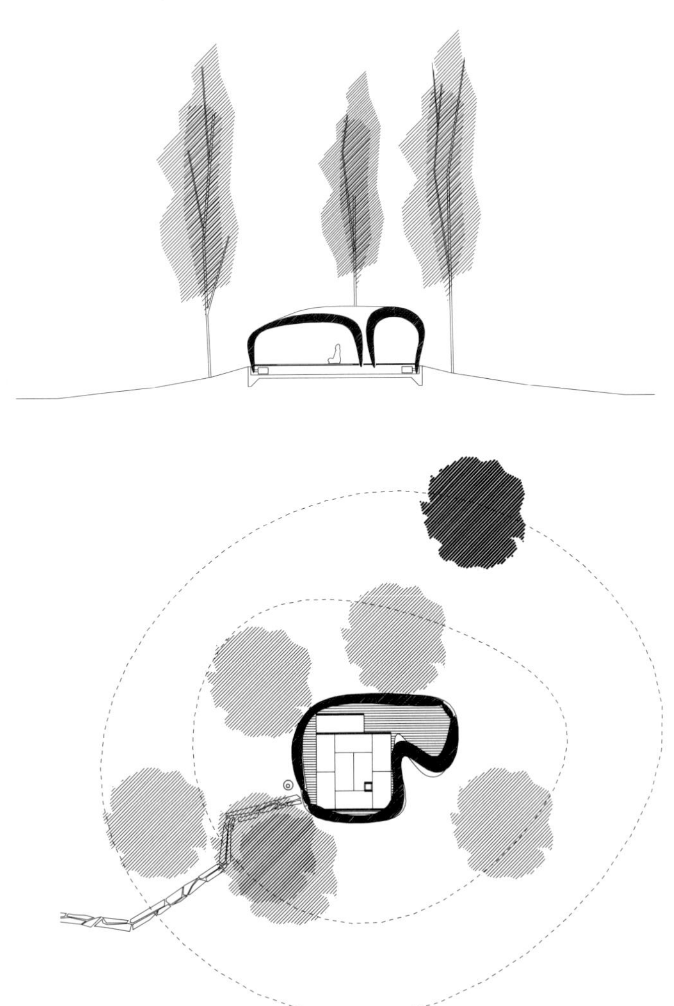

薄且幻化地溶化在时间和空间里。内部空间面积共计约30平方米，根据茶道仪式由榻榻米组成。意图创造梦幻的空间气氛，正如这类仪式所需激发的神圣感。空间氛围的易感性以及与环境条件的整合能力并不是隈研吾设计哲学中的新元素。这些特点让人联想起其之前的其他项目，例如KXK临时展馆。

剖面图与平面图

建筑内部效果

户畑C街区计划

日本福冈县北九州市，2005-2007年

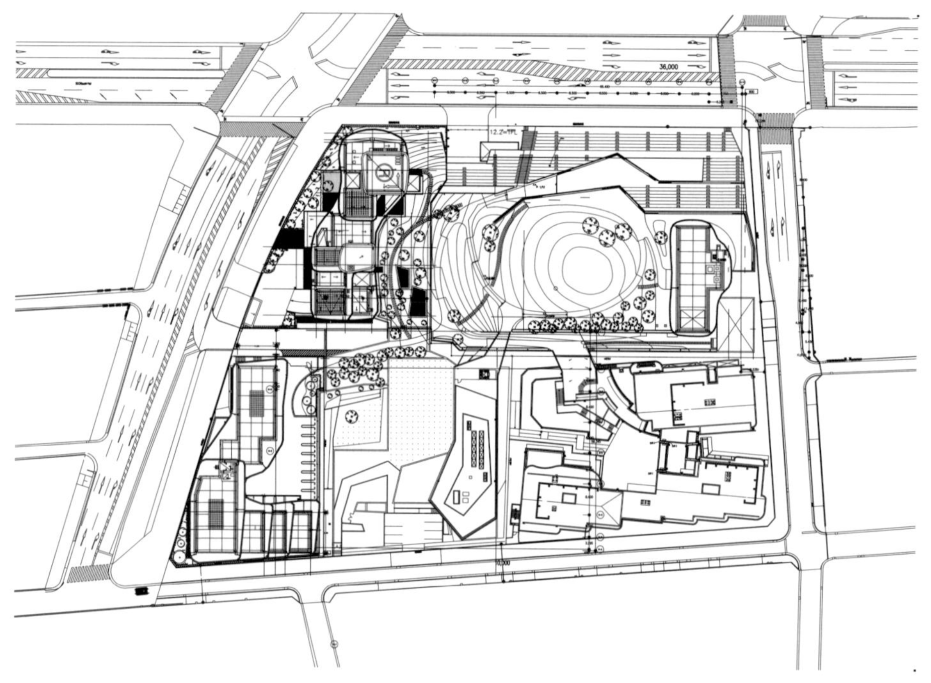

户畑项目C座大楼是一个多功能的大楼，包含内部办公、居住、学校、幼儿园和一个警卫站。福冈是日本后现代主义的发源地，而且和日本为数不多的几个地区一样植被繁茂。

因此，这个建筑的部分屋顶被设计成公共绿地，从而形成类似于城市公园，也成为不同建筑之间联系的媒介。全部设计由山岳和自然地形整合，从屋顶花园和建筑的曲面全部由自然材料建造。整组与自然结合的建筑汇聚的中点——位置上与监控室相重合——必须种植绿

总平面图

植以形成绿化广场并包含多种功能和娱乐活动，市民们可以在此享受生活。前面提到的屋顶花园顺应自然的地形，并尽量把建筑和其形式纳入其中。在这个项目中，植物与石头、玻璃交织在一起，所有这些材料让建筑婀娜，没有边角而充满曲线的表面使得整个综合体变得柔软而和谐。

在福冈，其他建筑师，比如埃米利·奥安巴斯已经尝试在建筑表皮中融入绿植。在这个项目中，隈研吾也试图融合绿植和城市。就像东京东云公寓建筑设计那样，那是资金有限的低成本社会住宅项目。为此，隈研吾参考了柯布西耶住宅单元的案例。

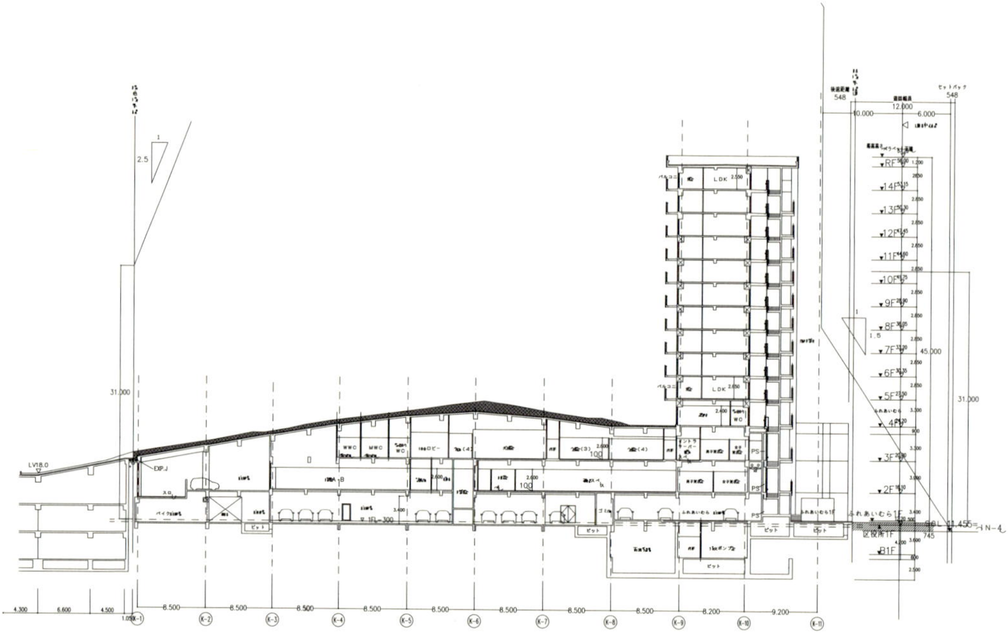

上图：长向剖面图

下图：建筑总体效果

看台和一栋塔楼一景

设计作品

三里屯城区规划项目，中国北京

礁岛度假村，英国特克斯和凯科斯群岛

坦卡（Tanka）高尔夫俱乐部，意大利卡利亚里市维拉西米乌斯镇

精神中心，中国成都

卡瓦市场，意大利萨勒诺市卡瓦德蒂雷尼

三里屯城区规划项目

中国北京，2005-2009年

在当代城市规划设计中，通常倾向于设计摩天大楼和大广场；而隈研吾思考创造一个适合人类尺度的空间，通过中高层建筑的穿插创造一个建筑迷宫。

该项目分为两个区域。两区域的元素不同：北区的“道路”模仿中国传统的胡同，建筑可以俯瞰微微弯曲或完全扭曲的胡同。而南部的中心是一座模仿四合院的庭院建筑。通过两个元素组织空间：一个内向走廊和一个外部的回廊，然后汇集在充满植物的花园里。

为了创造类似胡同和四合院一样的适合人体尺度的空间，而避免使用单色和同质的空间。

建筑外表皮采用类似马赛克瓦一样的板材，紧挨地并置排列，其颜色可以随着气候和光线强度的改变而变化。为此，专门发明了一项可以在陶瓷上印刷的特殊技术，采用数字技术与中国传统屏风相结合。

隈研吾再一次在建筑所处的文化与社会中，融合与综合了传统与科技、工艺与数字化。

总体环境鸟瞰图

上图：效果图

下图：内部效果意向

礁岛度假村

英国特克斯和凯科斯群岛，2005-2010年

隈研吾在德利斯（Dellis）礁岛的项目是一个健身中心，可以俯瞰岛中心的人工湖。事实上，德利斯礁岛是距离纽约3小时航程的英国加勒比海中的一个小岛。项目的理想是建设一个整体建筑，包括一个SPA和几个休闲建筑以及周围环境。处于这种考虑，所以不需要分隔室内外空间的墙体。建筑物由150毫米×450毫米的薄木板建造；没有内部隔墙，采用一个单独挑出的顶盖，以满足自然天气要求。

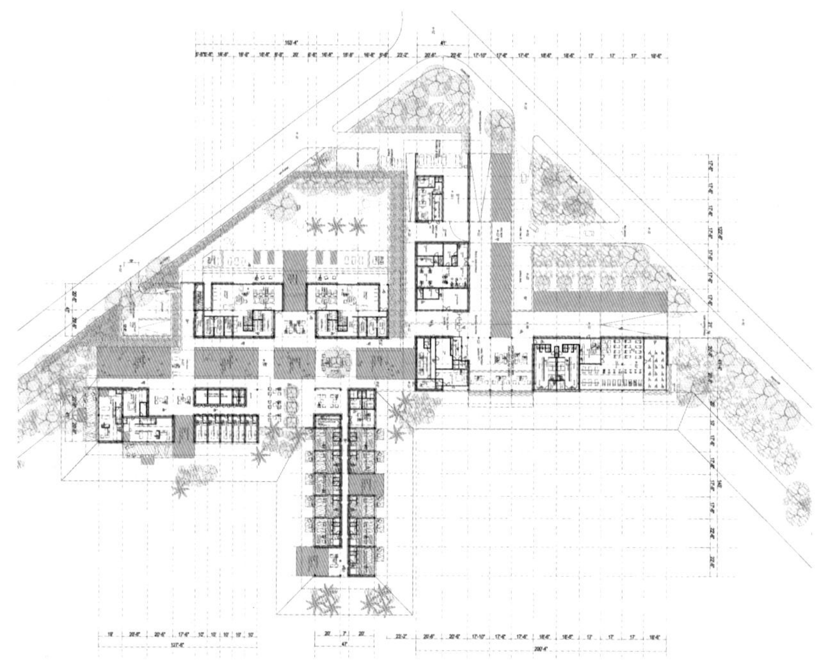

景观通过这个方式进入室内，在房间内也可以享受到周围的自然景观。建筑由多个方盒子组成，进而平面发展成正交十字形。一些体量之间的水域没有边界，旨在引入理想的加勒比海水。通过这种方式，该度假村成为地形的一部分。

隈研吾的这个设计是该岛质量提升和发展项目的一部分。其他国际知名建筑师也参与了这个项目，例如扎哈·哈迪德、戴维·齐普菲尔德和皮埃尔·里梭尼。

上图与下图：建筑与人工湖的关系

坦卡（Tanka）高尔夫俱乐部

意大利卡利亚里市维拉西米乌斯镇，2006年

为了创造一个整合建筑和景观的大楼，三个设计原则引导了这个项目的方向：建筑消隐在场地中的人造小山里，或者说将建筑放入已经存在的地形中而创造新的形象，使建筑内部的结构和自然景观达到内外相应。

建筑外皮上的植被，除了隐蔽建筑外，还总结了隈研吾的设计理念，实现建筑师在犹如撒丁岛般的强大地形内涵语境里建设个性化项目的欲望。

而建筑的一些开口则有类似于撕开山丘内部的感觉，重新被绿植覆盖后逐渐变成立面。同样的外表皮通过这种方式与当地的景观和高尔夫场地（植被种类相同）融为一体，减少对环境的影响。从外面能够看到的只有门廊和大面积玻璃，山丘的起伏使建筑获得充分的光照，并被过滤屏幕所保护。相同地，通过木材和石材等天然材料等使用，自然也被留在表面和内部。仅建筑的骨架以贝壳形式的钢筋混凝土结构建造而成。

不同平面容纳不同功能：首层作为服务空间（仓库、停车场、更衣室）；第二层是室内高尔夫活动区域；再向上一层则是拥有良好自然景观的空间，包括大厅、办公室、接待处、酒吧以及带有露台的餐厅。入口道路有两种：一是位于二层和三层的机动车道，另一条路是人行道，连接俱乐部建筑和高尔夫场地。

鸟瞰图

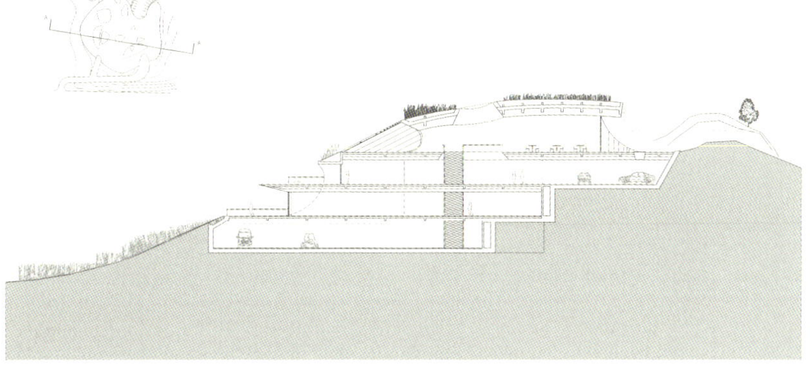

上图：室内效果图

下图：剖面图

精神中心

中国成都，2007年

中国的信仰文化和士大夫文化密不可分，并且往往趋于合一。因此，存在一些称为“书院”的场所，合理地容纳功能、娱乐和崇拜等相关活动。成都地方政府（都江堰东山区）邀请隈研吾设计一个精神中心，同时作为聚会场所的建筑，内部可以容纳多种功能：阅读、休闲、交流和祈祷。隈研吾的这个项目开始于建筑的设计，包含一个音乐厅，一个剧场，一个餐厅和一个SPA，目前已经着手建造。选择成都不是偶然。因为这里是很多著名文学家的故乡。成都的文学和学术活动也较频繁。建筑的选址也不随机，而是选择了山顶的绝佳区域，鲜花植物簇拥的自然中。

除了丰富的文化，成都实际上也是一个植被丰富的城市，并且有许多景观优美的场所；因此建筑布局不能忽视自然而是鼓励利用自然，或者被自然所启发。精神中心将被“刻”在小山上的岩壁中，这样的空间也有利于塑造现有的地形。

隈研吾的愿望是逐渐创造一个复杂建筑，能够引发周围自然环境和当地文化对话。这个方法论已经在过去的作品中被使用，比如龟老山（Kiro-san）观景台和北上博物馆。

上图：二层平面图

中图：夹层平面图

下图：岩石内部的空间

卡瓦市场

意大利萨勒诺市卡瓦德蒂雷尼，2008-2010年

项目位于那不勒斯到萨勒诺的主干道旁。

这是一个改建项目，将工业建筑改造成为包括商店、办公楼、停车、露台和餐厅在内的商业中心。建筑为两层，面积共计5000平方米。

为了创造一个公共空间并同时保持较强的私密性，隈研吾试图通过多种形式的广场增加建筑立面的数量。为了发展市民经济，隈研吾设计了两层高的商业空间，以增加可视度和游客进入的可能性。之后他设计两种类型的立面：通明内墙和“生态表皮”。透明内墙采用玻璃幕墙向外关系，作为商业空间和办公区内墙。生态表皮则是办公室外墙（遮蔽视线，保护办公室隐私）。这里表面是双层自然材料的结合，并且在办公空间和室外环境创造一个多孔的过滤器。

这个立面、角度和不同高度的组合，与带顶盖的小路一起，实现一个多样且有吸引力空间。

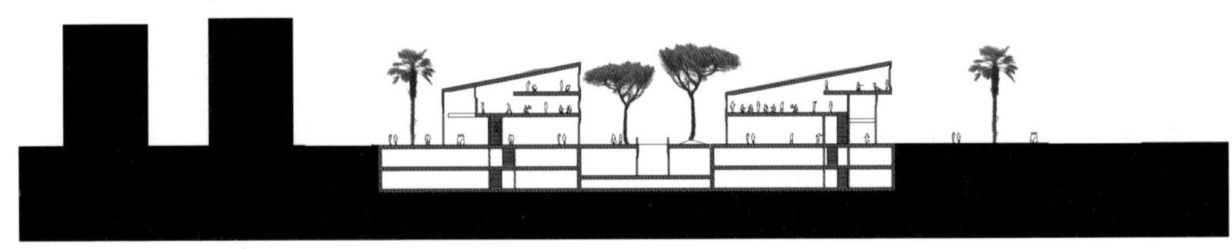

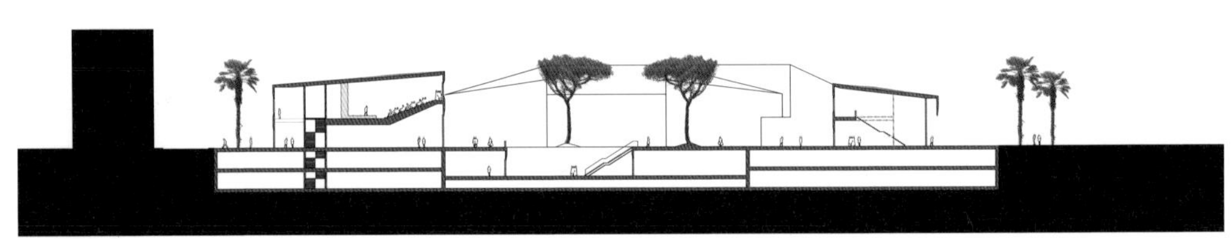

纵、横剖面图

将建筑融入文脉的医院是基于东、西向可以看到远山。

卡瓦市场可以方便地从火车站东面到达，而市民则可以从市中心的西、南、北三个方向到达。市场有两个主要入口，一个由台阶更快速到达，另一个对城市而言相对慢一些。

作为对这个地方独特性的回应，隈研吾决定重建一个新的人工景观，那就是通常被称为“第五立面”的屋顶，一个山地环境中植物和走道的自然融合。

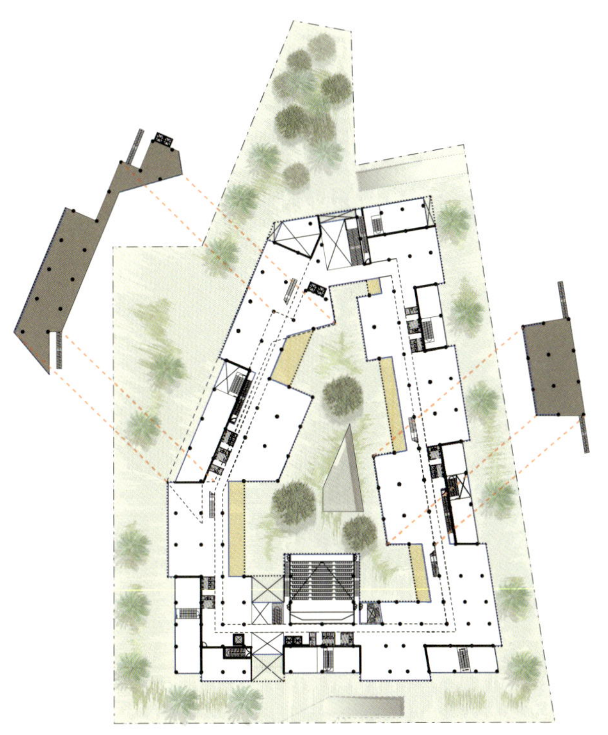

上图：平面

下图：可以看到中央院落全景的Bar

建筑思想

元素的替换

纪念性空间

一个我曾经有合作的公司邀请我设计一座纪念物，纪念在其公司100年的历史当中曾经工作过的大约800名员工。坦率地说，一开始这个项目并没有引起我的兴趣。一般这种方案常规的设计思路是：石质的，或圆或方或尖的体量，形体没有什么差别。对这种“物体”来说，我不清楚还有什么选择，我甚至都懒得扔掉过度的方案草图。

纪念碑与陵墓没什么区别，它们是建筑的两种极端形式。建筑的目的可以是两个：一个与时间相关，换句话说，是留存；另一个主题是空间，也就是所谓的庇护。建筑在这两个极端之间来回交替。

如果设计目标是创造永恒存在的东西，我们通常依赖一种具有凝聚力的形式，因为我们相信只有这种形式能够表达记忆和延续。典型的纪念性公园是对这种目标的真实展示。纪念碑和纪念性建筑是陵墓的延伸。纪念碑这个词源自拉丁语的“记忆”的词根：这解释了为什么纪念碑的功能是超越时间的；而纪念性建筑物必须看起来有力且引人注目。

但是我不确定物体是能够永恒存在的唯一形式。实现永恒的设计目标对我而言完全不是问题：我创造的是一种意象，是在特定情境下诉诸于简单形体的建筑。现代艺术家，尤其是立体派艺术家，对于时间这个命题非常感兴趣，他们倾向于在画面上展示多个时间点纪念物的共存。这种不仅针对空间，而且针对时间的操作，设计也是现代主义建筑师极大的兴趣所在。吉迪翁现代建筑的奠基作品的标题就是《空间、时间和建筑》。但是现代主义建筑师已经先后把他们的兴趣从时间问题转向了通用空间问题。通用空间的定义是一个拥有可移动隔墙的空间，可以适应任何使用的变化。典型的通用空间的例子是现代办公建筑。现代主义建筑师已经实现一种利用空间形式解决时间问题的方式，就像立体主义艺术家使用同样的方法展示多重时间元素。事实上现代主义和立体主义都没有解决实际问题，只是做了问题交换。通用空间仅仅提供一种转换空间的可能性：对于时间问题仅替换以空间问题。现代主义建筑师采用一种典型的现代主义手法，采用空间代替时间，消除现代主义建筑的时间因素。这些对于时间因素的忽视成为现代主义的基础。这就是我为什么认为制造记忆和时间是这个项目最为核心的问题。但是，在没有参照任何项目的前提下，能否介入或者捕捉时间?我逐渐意识到这个项目有潜力成为一个非常有趣的实验。

举个例子，在美国首都华盛顿的一处极为个人的纪念物，与林肯纪念堂相比，其外观极为低调的越战纪念碑。它的草坪向低处布置，纪念碑成了一道挡土墙，而地面上再无其他东西。近6万名战争中阵亡美国士兵的名字，刻在这面黑色的花岗石的挡土墙上。尽管没有其他实体，我们缅怀的情绪还是被激活，它成功地捕捉了时间。

我从布鲁诺·陶特1915年出版的论文《向战争的死亡和伤残致敬》中得到了另一点启示。1915年正值第一次世界大战刚刚开始，陶特指出了建筑师必须面对战争和死亡。虽然纪念物的目标是纪念精神，但陶特的文章带有强烈地批判纪念碑的腔调，他认为纪念碑有效地否认了其想要纪念的

精神的纯粹性。他提供的代替方案非常古怪：战争遇难者的遗骨应该埋入同一个花园。花园中有花坛、喷泉、瀑布和玻璃构筑物，埋入土中的遗骸为植物提供营养，从而获得新形式的生命，花园则成为带有花、水与玻璃的新的精神花园。陶特的方案来自一种观念、物质形式，特别是纪念物本身不能代替死亡，纪念这一事件需要一个精神花园。根据陶特的说法，我们需要的不是一个象征着死亡的符号，而是一个祭奠死者的地方。现在我将谈到一个情况，“水/玻璃”的观点使我思考，它们是不是命中注定适合表达神秘的主题。就像我在这本书写到过的，1933年陶特逃离纳粹德国在日本居住到1936年。在此期间，他受到了井上一郎（群马县高崎一家名为万代企业主人）的保护。多亏了井上，陶特可以居住在由正林寺主持的寺庙附近的下乡町里，并且主持了三年的设计。在此期间，井上是当地文化活动的明星。文章一开始邀请我接受纪念碑设计的机构正是万代公司.

尽管被要求设计一座纪念物，我却逐渐确定了在给定场地中——只有18.8米×10.5米——不建造任何纪念性实体。我不希望一个物体在视觉上支配这片区域。物体是这样一种装置，它可以将周边空间转化为单一的象征点。巴黎凯旋门和埃菲尔铁塔就是这样的例子。它们将巴黎空间转化为大众印象中的一系列的点。这种转化使得在巴黎中的任意游走成为可能，也是城市保护本身。物体或无意或雄心勃勃地冻结和固定住城市的空间。物体是表达信息的装置——这也解释了为什么人们不断地兴建它们。

这也是我为什么在这个场地里竭力避免任何实体的原因。如果我建造一个实体，这个单点最终会压制时间而支配周围的空间环境。我想探讨一种不以物体为中心又能体现出吸引力的方法。纪念物是时间和空间的压缩。作为一种规律，物体常常被作为这种压缩的工具来使用。

如同商业产品的可移动物品是这些纪念物的延伸。因此可以说，纪念碑是历史的压缩与商业化；

竹屋草图

而墓穴是死亡的压缩和营销。当今社会条件下的对所有物品的商品化，是纪念物发展过程中，对压缩的最简单的延展。对物体的工具性压缩的方式，提供了重新审视这种被叫做“纪念物”的机会。

最简单的压缩方式是从地图上成比例安排出空间，这种效果通常要通过鸟瞰形式表达，观察者要在空间之外（或上方）的前后位置。这使得成比例压缩空间成为可能。从一开始，空间就试图消除视点处的纵深感和延伸感，空间已经成为二维形式。这里没有办法验证比例关系或数学精度的准确性，因为空间在压缩的过程中已经被消除了。博尔赫斯曾经在一篇小说中描述了这么一个故事，可以理解为他对通过鸟瞰方式取得压缩空间的评论：一个国家为了追求地图的精确，决定制作一套1：1的地图。结果可想而知，最后创造了一个和国土面积一样的地图。这个可以解读为博尔赫斯对鸟瞰方式的压缩空间的警告，这种方式会导致溶解空间。

如果我们不想失去空间深度和延伸，我们应该停留在空间的内部而不是外部。我们因此面临一系列艰难的选择：空间内部是否必须安放物体？在这种情况下，空间的压缩变得不可能。参考点的位置难以确定的时候，应该采用哪种压缩空间的方法？我怎能把群马县压缩在18.8米×10.5米的矩形区域当中？建筑中的塑形操作实际上是空间塑形操作。我所面对的任务是把一个原本放置纪念物的空间转化成一个视觉区域。

我开始饶有兴趣地进行操作，因为它引起围绕着一个固定点的空间的改变。在空间内部的物体的位置必须反应一个固定的点。这个唯一的位置保持不变，而其余的空间发生变化。最初，透视规律被认为是表达由于主观观察到的变形客体的科学表达方法。透视规律也是压缩空间的一种方法，在这种情况下，物体实际上位于空间内。透视的问题是一旦开始压缩，空间就会被冻结。透视图是建立在固定主体和固定视线的基础上：而正是这些固定元素使得透视图成为可能。因此，在透视图中观察主体的位置是固定的。透视图中的空间更是固定不变。在鸟瞰的情况下视线是可以移动的，但是观察主体要保持在要表达的空间之外。……我的意图是探索变形操作的可能性，找到一个两种方法的折中。

有意思的是，变形操作需要至少两个固定点。如果固定点只有一个，空间就会围绕该点自由旋转，不能被固定。没有两个固定点不可能实现空间的压缩——这一点非常重要：因此我们明白不能由单一固定点感知到空间，而必须经由一点向另一点的运动才能体会到空间：也就是说，只有当主体进入并且在内部移动的时候，空间才会显现。在这个意义上来说，空间是被观察到的现象。空间不是一种预先的存在，而是一种赋予主体意愿后而被定义的现象，正是由于这一点，意志或自发得以成为场景因素。

广重博物馆草图

因为有一种意志，比如从高崎到榛名山，人们需要在一个中间层面上理解这两个地点之间的关系。空间只有在存在中间层面、内部现象出现，以及两点之间的第三点的确认时才能出现。我们需要超越空间的传统视角，它使得中间层面、空间现象更为优先。变形操作就如何实现这一结果提供了一些线索。

对于第一种情况，我曾发现并体验了从高崎到榛名山的小路；然后我通过变形操作的手法压缩空间来强调曾经体验过的路径与感受。我不只是进行二维平面形式的压缩，而是产生一个新的地形组织周围的路径，风景就此展开。主体明确地插入空间，但是结果仍然没有和鸟瞰图按比压缩的产物有明显的不同。也就是说，它还是一张地图。但我觉得还可以做得更开放。

那需要完全摒弃从鸟瞰图观察的观念。为了达到这个目的，我采用了一个额外的操作：对线性的路径进行折叠。通过这种方式，我让项目摆脱了鸟瞰效果的单一视点。只有这些中间层面的控制才能产生另外的选择与效果，同时提供对空间的反思。迷宫一类的空间（即事物的整体）可以通过折叠的手法植入中间层面，从而生成整个空间。当人们从高处观察这座迷宫时，不可能了解支配群马县的地理状况。但是这条折叠又连续的小路，却可以带人们经历每一个瞬间以及一系列时间点。通过这种方式，延伸的空间被压缩在一条时间轴上。这就是传说中存在的却不可感知的延展空间，它转化为一种时间流上的一系列体验。

我的经历是质疑通用的压缩空间方式，可以用"呈现的形式"替换"压缩的形式"。一般来说，空间以对象相结合的形式被压缩，主要以平面的方式呈现。然而这个过程造成一个重要元素的丢失，那就是时间。时间这个支配性元素给予空间丰富和深度，结果却被完全去除了。对于这些压缩形式的批判是日本传统文化的核心。我们来想象一下卷轴。空间的呈现不可能用鸟瞰的方式观察：自画卷从右至左展开的那一刻开始，每一个地方只能看一次：结果空间只沿着时间轴出现、空间伴随着时间出现。画卷的形式展示了时间和空间是不可分割的。日本园林的主题是时间中的空间意象；它们的杰出目标之一恰好展示空间和时间的不可分割。相对于园林，建筑更容易通过平面图来表达，所以建筑容易还原到二维表达方式。结果造成了建筑师经常忽略时间这一要素。为了提醒大家不要忘记时间要素，我们开始修建园林，并借此作为对建筑的批判。因此日式园林建筑是如此的反建筑。鸟瞰的视角与观察方法消失了；空间随着时间的推移沿着路径依次出现。但是当今建筑师甚至在园林的路径里，试图找到一个二维形式——采用单一的方式减少和压缩空间。而我设计的纪念公园多次折叠的路径恰好是为了对抗那种单一的空间压缩。折叠路径和以二维平面的方式减少路径是对立的。就像是画卷，一旦被卷起来，其空间就拒绝以二维形式压缩。园林就应该有个园林的样子；就要保持反建筑的状态。

如果最后的结果想要表达园林这个词真正的含义，那么必须避免对视觉依赖。视线憎恶时间。视线总是渴望凝结的画面，这就是它总是想要实体和二维形式的原因。我所希望的刚好相反，是寻找一个不被看到的空间形式。

我认为听觉可以在该纪念花园设计中成为重要角色。我决定设计一座园林，其空间不是被看到的，而是被听到的。我的主要原则是，尽可能地摒弃视觉元素，探索以听觉作为空间信息首要源泉的可能性。人们为了听声音而来到一个园林——一个空间声音产生对死者的记忆。一座纪念碑是一个以视觉感知为参数的，通过压缩空间来保护时间的形式。然而在这座园林里的参数变成听觉：这座园林保护时间所采用的方式不是压缩而是回放（或者叫再现）。

对于看到这座公园的人们，其目标是纪念——特别纪念800名员工。但是通过这种方式，我有没有成功地引导了参观者回忆起这些人？通常的纪念公园里，是那些被看到的对象，也就是纪念碑担任了纪念这个角色。实体是压缩记忆的工具，但是这个带有强烈个性符号的对象，会操纵我们的注意力而妨碍我们进入回忆：因此越南战争纪念碑没有求助于实体。但是视觉信息仍留在其中。视觉厌恶时间；视觉总是想要通过画面吸引主体的注意力。一座被看见的纪念碑不适合追忆这个行为，因为墓石是被抛光过的。抛光墓石意味着把石头变成一面镜子，为了使其消失并融合在环境中；墓石实际上被隐去了。越战纪念碑的黑色花岗岩被抛光恰恰是为了消失在环境里。

我在寻找创造一座非视觉而是听觉的园林——一座不为了眼睛而是为了耳朵的园林；因为耳朵不同于眼睛，耳朵向时间开放。

一位来到纪念花园的人哭着说出逝者的名字，通过这种方式，使他们之间建立直接的联系。其声音被电脑捕捉，然后计算并储存为环境音。榊原采用的系统是一种特别形式的回声。被喊出的名字首先被转化为一条正弦曲线，形成时间上的序列；然后清除那些不洪亮、完整的声音曲线（这些声音在时间联系上极为短暂和脆弱）。那些饱含情绪且洪亮的对逝者名字的呼喊作为音素被分解与转译，成为简单的音调模式。

只有知道这个名字的人，或者说是喊出这个名字的人，可以再次追踪到回声。除此之外，再无他人可以做到。回声在整个公园里重复，负载着渐强的阐述：电脑随时采集实时的声音，比如说访客经过的脚步声、微风的声音、树叶破裂的噼啪声，然后基于一个既定的算法将这些杂音转化为回声。参观者保持了听觉空间所反映的听觉之外、再无其他敏感刺激的状态，游客脚步的任何变化都会立即在充满声音的园林中反映出来。没有物体可以呈现更高的灵敏度。主体演绎出一种以听觉为主的关注，在纪念花园中展开，不依靠任何物体。视觉线索最终发展成为一个不断被削弱的角色，并且主体越来越深地陷入声场当中。很明显在声场中时间和空间不可分割。毫无疑问，如果没有时间参数，声音无法回响。专注于听觉，主体变成一个个只和时间有关的事物，伴随着时间在声场中散步。

这些算法可以被定义为一个在声场中消除物体的方式。一个被喊出的名字变成一个有力的、打动人的声音，声音变成一个声场内部的“物体”。这个“物体”通过电脑的操作逐渐被消耗而趋于缓和。此外，也混合并丰富了周围环境的其他声音层次；名字的声音变成环境音的一部分。视觉操控最终形成环境中的物体，并且让建筑看起来像是园林是我一直很感兴趣的：这个项目也是对自然的操纵，但是是通过声音空间实现的。

我最根本的目的是创造一个优雅的空间，通过视觉和听觉寻找的一个优雅的存在：一个非物体从基地上升起，形成一个类似建筑拔地而起的景观。那就是曾支配这个时代的形式；现代时期的意图是将世界划分为可以相互交换的碎片（对象）。视觉空间和听觉空间都曾被明确划分和转化为物体。单体可以被传输和互换，因为是它们从环境中分离出来而被关注。不幸的是，通过对象的方式实现的交流是远远不能令人满意的，就像景观中充满丑陋的、混乱的物体一样。丑陋和混乱也随着现代世界密度和速度的增加而增加。

我想通过创造美好的空间的方式与这种趋势抗争。我们可以努力地以更精确的交流技术为基础，创造美好的空间。除了多种空间技术之外，在这座纪念园林里我还使用许多电子技术，这些技术最初是专门为了这座园林而开发的。在美好的空间中，主体应该极为敏感；应该把注意力分配到事物和运动的更细微的差别中；比如说区分在这个纪念性空间里回荡多次的被喊出来的名字。只有如此强烈的寂静才能抵消这个时代的速度和密度。

隈研吾，《反造型》，AA 出版社，2007 年（意大利版由安东内拉·贝加明译）

摄影师及作品

摄影：阿野太一

中央区大阪LV店面

日本东部莲花住宅

港区福崎空中花园

摄影：拓田/ 小国社

热海水 / 玻璃

石头博物馆

玉川村，河 / 过滤

世田谷区，东京农业大学，菜品与农业博物馆

摄影：藤冢光政

玉川村，河 / 过滤

エベレスト・ローツェ

建筑评论

材料作为建造策略

路易吉·阿里尼（Luigi Alini）

"诗人把材料的魅力转化为图像。"

——加斯顿·巴切拉德《漫谈》，米兰：阿德菲出版社，2007，第 10 页

隈研吾长时间的努力工作，使得材料转变为建筑物。材料形式、结构形象建立在多样设计实践和对不同的知识的理解上；也建立在对建筑和自然、主体和反对象之间"和谐关系"的追求上。在隈研吾的设计实践中，他让建造、材料和外形重新回归到重要高度。这是一种可以被定义为"创造性结构行为"、"设计本体论"的行为：在传统背景下围绕一个单元主体展开的有意识的建设活动，可能追溯到这些"隐藏的谱系"的起源。

从龟老山观景台开始，隈研吾采用了强化形式的实践，并且放弃了他认为具有"侵略性"的混凝土这种材料。形式从强调雕塑感，转化为线性的、带状的、透明的结构，以再现传统结构中的内外之间、远近之间、材料和形式之间的含混状态。隈研吾在材料中留下"运动的图像"、法式和其"无限可能的未来"，使其进入具有意义的"建筑形式"。切割、连接、重叠、编织、折叠、复制等原则下的操作，构成他的实践的叙事与话语。土 / 水、城市 / 乡村、光线 / 暗影、简洁 / 繁复、晦暗 / 透明、瞬时 / 永久、庞大 / 轻盈、肤浅 / 深渊、单一 / 多样、情节 / 阴谋、持续 / 间断、重复 / 变化、高 / 矮、内在 / 外在、坚固 / 柔软、遥远 / 毗邻，这些反义词构成了隈研吾重新排列组合的一套内部修辞系统。单元重复形成部分，关联的必要性就在于部分和整体之间。

对于隈研吾来说，建筑首要是情感细节的体验。"建筑空间最有趣的体验是随着行动深入开展，与材料接触中展开肌理和情节。"[1]材料的抽象和触觉可以感受的形式在建筑内部共生。这也在他给项目取的名字里明确体现的：水 / 玻璃、河流 / 过滤器、塑料住宅、石头博物馆、大竹墙、粘土博物馆、森林平台、森林小屋、织部茶室、纸房子。命名参考一个通用原则：结合一个想法、一个地点、一个材料和一种感觉。

通过类比，对物质单一主义的追求导致一种绝对的思想。隈研吾提出"反形态"，为我们打开了"想象力领域的潜力清单，展示给我们已经存在的和或许可能存在的。[2]"一系列形象"互相融合，使得材料发生蜕变而在理性的模式下出现新的意义，隈研吾借此方式设计造型与混合造型。

从石头博物馆、通过表参道路易·威登旗舰店、东京农业博物馆，长崎艺术博物馆、莲花住宅、宝积寺公园，到最近维罗纳的伊尔卡索内店，他在轻质石材这个题材里追寻一个主题的延续，以及对"重 / 轻"这一对立概念的探讨，一直演进着一个显而易见却有自相矛盾的概念：反材料。"一个反材料的建造"。

1 出自《隈研吾1994-2004作品选》中对隈研吾在那不勒斯的采访，题目为"为了更好地理解隈研吾建筑中设计与建造的关系"，伊莱卡出版社2005年出版于米兰，作者为路易吉·阿里尼。

2 伊塔洛·卡尔维诺，视觉性．美国的课程，米兰：加尔赞蒂出版社，1988.

上图：东京农业大学食品与农业博物馆

下图：高粮泽广场与凉亭

在石头博物馆中，芦野石材产生一个丰富的建材大系列：面材、格扇、铺地、遮阳板、铺地面材、覆盖物。传统的坚固且耐久的石材变得纤薄，墙体失去了其在传统建筑中特有的厚重感。虽然使用了大规模且多层的石材，隈研吾却制造了一种非物质化的暧昧氛围，使石材充满了非凝固的感觉，实现了多孔状的“裂解栅格”：节点后移、去掉体块、打破大理石面板的连续性而允许光线穿过。

穿孔墙的想法也是农业博物馆表皮的设计概念，其表皮追随白川石材做成的遮阳板的节奏。那是一种随时间变化而逐渐呈现多孔性效果的岩石，同时其颜色会变化；性质变化发生于材料成熟的过程中，造成建筑部分外形的改变。

多孔隙、纹理、悬浮是大阪的路易・威登旗舰店的设计概念——石材在光线下展开其隐藏的、不可解说的、无穷的纹理效果——而莲花住宅的设计特点是使用了3厘米厚的灰华石石板，悬浮在轻盈的钢结构上。

体量／重力的对立也是栃木长仓广场公园商业中心的设计主题。它采用了与赖特建造帝国饭店相同的石材，被隈研吾以“编织纹理”的方式重新诠释，以多种尺寸被切割：隈研吾将其定义为“柔软的石头”。它采用一个和卡索内店面相似的网格，以一种石头“折纸”的形式建构。一个网状结构中的空间支配着体量和光线，穿过墙体中高高低低低的空洞，制造出“漂浮”的感觉。

悬浮感包裹整个空间。隈研吾似乎想要以不寻常、非仪式性、刺激而又矛盾的方式“加强”墙体：使其进入另一层面的形式世界，从而挖掘材料的潜力，根据材料内部蕴含的“基因密码”作为使用材料和创作的策略。

于是，为了回归渗入建造中的意义，从而解读隈研吾作品的深度，我们需要扩展对于可感知形式的概念，以及由其引出的理想形式和异常清晰的结构。

于是，高洁的精神、想象力、直觉和感知是材料的参数，其作品中的“年代顺序”，让我们看到了一个材料可能的新命运。

马尔科・卡萨蒙蒂，《隈研吾作品集》，莫塔建筑出版社，米兰，2007，第372-373页。

建造的自传

斯蒂法诺·博埃里（Stefano Boeri）

有的建筑师在不断发展的设计诗意与语言的定义里找寻其自身的与众不同。其他建筑师，通过其作品反映出致力追求形式和手法和当地历史的关联。还有一部分建筑师则倾向于复制与粘贴其职业生涯的一个特定时间所发现的惯用手法。

只是很少的建筑师，其中包括隈研吾，能够通过他完成作品的序列反映其职业的发展。建筑师的职业生涯及其发展与职业中的项目与发展密切相关。

出于这个原因，只有按照其作品建造的时间顺序进行细致研读，才能在当代建筑全景的视野下理解隈研吾的作品和设计方法。他的作品讲述了他的建筑自传。就像M2建筑（东京，1989-1991），伴随着它的片段化手法，引发了那些年“能量紊乱”风格席卷东京；或者龟老山观景台的切入地形的手法（爱媛郊区，1991-1994）开创了一系列以融入自然为主题的项目——目标是让建筑成为一个地景而不再是一个实体。能够代表他思想的还是水／玻璃（静冈，1992-1995），这也许是隈研吾广为人熟知的住宅，他通过这个项目进一步实现“建筑的消隐”（“我想要消除掉建筑。我一直希望这样做，而且我相信我不会改变这种想法。因为我相信一个建筑应该和周围的环境融为一体。”）。而从幕张住宅综合体（千叶县，1996-2000)和那须的石头博物馆扩建工程（枥木县，1996-2000）的项目开始，隈研吾进入了使用“厚重”材料建造的阶段。隈研吾采用一个“片”系统来解决这个问题，也就是说，使得混凝土和石材这类沉重的元素具有了渗透和透明的可能。一个立面与表面“颗粒化”的策略让内部空间向风和空气敞开，并且找回在20世纪日式建筑所丢失掉的轻柔感（“不夸张地说……我的职业生涯仅有一个确定的目标：逃离混凝土。”）。

同样的，马头町广重美术馆（枥木县，1998-2000）中雪松的使用是回归日本传统木建筑柔软精致的肌理。在博物馆里，木条的使用帮助建筑和它所在的环境能够相互渗透，就如同纸板之于市民中心大厦（新潟县高柳町，1998-2000），秸秆之于那须历史博物馆（枥木县，1999-2000）。

隈研吾的“建筑之路”通过各种建筑项目而成长——概念设计、建设项目，从而逐渐形成了其独特的认知。例如安养寺木造阿弥陀如来坐像土坯砖博物馆（山口县，2001-2002），采用未烧制的土坯站建造；再如表参道One办公楼（东京，2001-2003），浮于立面的落叶松格扇，使得建筑与明治木寺大街两侧的高大榉树联系在一起。直到2006年第九届威尼斯建筑双年展中，反映时光流逝和环境条件的石头园林。

隈研吾的建筑别具一格，其建造概念牢牢根植于他们所处的环境中。真实和恰当的反应材料，正如建筑师本人所说：“我想设计没有特殊技术和方法限制下的自由建筑。因为在设定一个风格之前，我更希望设计一座属于特定地点和特定状态的建筑，一种可以由人直接体验的生活状态。”

《隈研吾》，卡萨蒙蒂（Casamonti）著，莫塔建筑出版社，米兰，2007，第8-9页

上图：广重博物馆，中川町

下图：那须历史博物馆

开始

利昂 · 斯皮塔（Leone Spita）

隈研吾是一个在设计中述说愿景的建筑师：这种叙述发生在使用材料的时候——这既是对材料特性的了解，也是对其建筑语汇表现力的了解。……

隈研吾的建筑生涯始于20世纪80年代仍然处于泡沫经济乱象中的东京。在那段经济过热时期，隈研吾刚好进入整个行业，想象一下一个年轻建筑师就可以主持大型建筑项目。

……隈研吾将随后发生的经济缩紧视作一个建筑师的有益训练：他的项目转向设计小建筑，通常是非公共性质的，他可以把更多的时间投身于实验项目。……他在东京世田谷区设计的M2（1991）是一个强势的建筑（但也充满讽刺意味），由于这类建筑空前绝后而足够令人称奇：今后再也不会有如此傲慢、强势与讽刺的表达。但是为什么会这样？那些“不友好的评论家”——就像饭岛优一在其文章《透明死亡》中提及的——宣称当隈研吾认为后现代主义已经变得不再时髦的时候，他就简单地抛弃了后现代主义；并且经济泡沫的出现强迫他转变方向，开始设计不那么让人震惊的建筑。

让我们忽视这些简单的批评。这些批评无益于我们理解一个错综复杂而混沌的文化。如果我们接受进化这个说法的话，就不会认为隈研吾在1991年之后改变了设计风格，这解释了一个悖论：隈研吾曾认为“在一个混乱的文脉内部（比如东京这座城市）创造一个无序的建筑。建筑会与混沌的环境互相拉扯，然后消失”。……隈研吾一直在寻找与城市的对话，这并不意味着采取一个更广泛的参考范围（即城市）以评价对象——置于城市环境下的建筑。因为这只会导致参考区域的扩张，从而出现建筑的层次关系和控制结构；而隈研吾则把建筑看成颗粒漂浮在一个模糊性和相互渗透的状态。……因此，物体被压缩成足够小的颗粒，可以自由悬浮。为了避免微粒凝结，则不能站在城市结构的视角……。其结果是，粒子全部分散，而这种分散的情况是隈研吾一直寻找的，他想设计微粒及其脚下的土地。……回到M2大厦，我们把从1986-1991年这段时间定义为一个“混乱时期”，这个作品的出现成为那个时期强有力的代表。借助电子技术的发展，有效地帮助混沌的产生，使其在一瞬间渗透到任何地域和各个层次，使得每一种形式都脱离于其原型。……消失是隈研吾反复使用的主题。……而后隈研吾的兴趣从客体转移到主体。……在2000年《居住在地上》杂志中一篇题目为《取消建筑》文章中，找到了理解研究著名媒介理论学家德里克·德·科柯夫在技术上的研究与隈研吾作品的联系——他在我们的大脑结构中建立框架。德里克·德·科柯夫认为就像我们背字母表时一样，读写能力给我们的大脑分类和结合的能力，使得视觉凌驾于其他感官之上。西方的空间呈现是从书写顺序而来，“这就是说，视觉领域组织的系统使一个东方人从右侧开始观察事物。我们的眼睛分为两部分：左和右；左侧负责捕捉世界，右侧则负责分析。就像左手拿面包，右手负责切割一样。大脑功能的组织方式是左侧专门负责掌控所有‘情景’信息，同时右侧负责‘切割’。当字母表随着视野从一侧移动——从希腊时期开始即从左向右移动，‘切割’的原则即开始主导‘获取’的原则。空间排列的原则就成了一个支配原则，并且与主体‘观察’和世界被观察的部分相适应，世界呈现的方式变成‘对象／客体’。‘观察者’成为主体、政治、社

会、心理和所有的一切。为了保证客观存在成为主体，空间必须是绝对固定的”。德里克·德·科柯夫认为根源深植于远景之中：空间和时间的分析，是为了保证空间的固定和世界的客观性、自由的作用和主体的自治：“景观是空间稳定性的一部分，就如同从文艺复兴开始的肖像是私人身份的一部分一样。这并不意味着在这个历史之前没有私人身份，只是伴随着文艺复兴个人受到重视。”……

“今天我们生活在新巴洛克时期”，德里克·德·科柯夫认为，因为在巴洛克时期，我们经历了历史和感官的变革，一个双倍的感官体验感受：“观念上是使用幻觉来诉说真相”。……隈研吾则在更晚的年代说，他的目标一直是“赋予建筑生命：建筑不是简单的单个物体，而是‘开口与空洞’。如果我们把建筑和人体作比较，尤其是和人体内的器官相比较，人体内部也充满‘开口与空洞’。那些空洞组成了接合面：借助它们而产生了室内外的交流”。……纪念物从属于其空间，这是隈研吾从他的老师芦原义信那里学到的概念。又或者说，这是芦原义信1966年设计位于高密度街区——东京银座的索尼大厦所传达的概念。一个多层建筑与一个包括楼梯和电梯的塔楼相连接。它附近就是该区域的地标建筑之一，丹下健三设计的静冈新闻广播中心（1967）。由这座建筑，隈研吾学到了重要的一点：场地中留出一部分不建任何东西（即使在地价特别高的情况下），取而代之的是建造一个广场。最为重要的是为人而设计空间。

隈研吾似乎是在分享海德格尔般的空间创造：“创造空间就意味着做减法，赋予其自由，使之开放。只有当空间组成空间，自由给予自由，也正是这种自由，使空间可以与自然携手，或近或远，若即若离，从而获得深度和广度的可能性。”

对隈研吾而言，建筑需要努力寻找不强迫他人生活在其中的感觉。反之，通过这些园林化的手法，建筑应该看起来像是园林，没有墙体或者窗户阻隔视线。在这里，他开始了他的第一个愿景。

利昂·斯皮塔,《隈研吾》，埃迪尔斯坦帕出版社，罗马，2006，第10-20页

东京M2大厦

参考文献

K. Kuma, *10 Houses*, Toso Publishing, Tokyo 1986 (ed. economica: Chikuma Publishing, Tokyo 1990).

Kengo Kuma: Digital Garden, numero monografico, "Space Design", 398, novembre 1997.

S. Pavarini, *Kengo Kuma: Geometries of Nature*, L'Arca Edizioni, Milano 1999.

Kengo Kuma, numero monografico, "JA The Japan Architects", 38, estate 2000.

A. Maffei, *Leggerezza e gravità: due musei di Kengo Kuma*, in "Casabella", LXV, 689, maggio 2001.

L. Spita, *Cancellare l'Architettura*, in "Abitare la Terra", 4, autunno 2002.

J. M. Giagnoni, *Great (Bamboo) Wall*, in "Materia", 42, settembre-dicembre, 2003.

F. Nicotra, *Plastic House*, in "Materia", 42, settembredicembre, 2003.

Kengo Kuma. Materials, Structures, Details, Birkhäuser Verlag, Basel 2004.

K. Kuma, *Defeated Architecture*, Iwanami Shoten, Tokyo 2004.

Nuova sede della banca centrale europea Frankfurt, in "Area", 73, marzo-aprile 2004.

L. Alini, *Kengo Kuma. Opere e Progetti*, Mondadori Electa, Milano 2005.

B. Bognar, *Kengo Kuma. Selected Works*, Princeton Architectural Press, New York 2005.

B. Bognar, *Realtà e (im) materialità: la magia nell'architettura di Kengo Kuma*, in "OP/3 Opera Progetto", anno II, 2005.

Great (Bamboo) Wall, in "Area", 82, settembre-ottobre 2005.

Kengo Kuma, "GA Architect", 10, 2005.

L. Alini, *Kengo Kuma. Selected Works 1994-2004*, in "Area", 84, 2006.

One Omotesando, in "Area", 84, 2006.

M. Casamonti, *Kengo Kuma*, Motta Architettura, Milano 2007.

著作权合同登记图字：01-2021-1593号
图书在版编目（CIP）数据
隈研吾 /（意）马尔科·卡萨蒙蒂编著；李雪珂译
.—北京：中国建筑工业出版社，2021.8（2022.11重印）
（经典与新锐. 建筑大师专著系列）
书名原文: Kengo Kuma
ISBN 978-7-112-26325-7

Ⅰ.①隈… Ⅱ.①马… ②李… Ⅲ.①隈研吾—生平事迹 Ⅳ.①K833.136.16

中国版本图书馆CIP数据核字（2021）第135111号

Original title：**Kengo Kuma**
Original Edition © 2020 24 Ore Cultura s.r.l. - via Monte Rosa, 91 - Milano
Simplified Chinese Copyright © 2021 China Architecture & Building Press

责任编辑：姚丹宁
书籍设计：张悟静　何　芳
营销策划：黎有为
责任校对：张惠雯

经典与新锐——建筑大师专著系列
隈研吾
KENGO KUMA
【意】马尔科·卡萨蒙蒂　编著
李雪珂　译
王　兵　校
*
中国建筑工业出版社出版、发行（北京海淀三里河路9号）
各地新华书店、建筑书店经销
北京锋尚制版有限公司制版
北京富诚彩色印刷有限公司印刷
*
开本：889毫米×1420毫米　1/32　印张：3¾　字数：170千字
2021年11月第一版　2022年11月第二次印刷
定价：78.00元
ISBN 978-7-112-26325-7
（27580）